공부력을 길러 주는
요즘 아이들의 똑똑한 **독해** 습관

문해력보스

한국사 우리 인물 (3종) / 우리 문화 (3종)

세계사 세계 인물 (3종) / 세계 문화 (3종)

eduwill

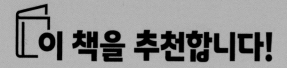

이 책을 추천합니다!

이 책을 추천하신 선생님들

"교과서독해 + 디지털독해 콘셉트는 단언컨대, 문해력의 빛나는 종합 선물 세트예요."

황준경 | 대광초등학교 교사

"교과서와 100% 연계된 글감으로 학교공부를 대비할 수 있어요."

나문정 | 한일초등학교 교사

"디지털 홍수 시대, 아이들이 현명한 판단을 내릴 수 있도록 하는 나침반 같은 책이에요."

박현진 | 샛별초등학교 교사

"문해력을 기르면서 동시에 배경지식까지 쌓여 두 마리 토끼를 잡을 수 있는 책이에요."

박미송 | 오송고등학교 교사

이 책을 추천하신 학부모님들

"아이들이 지루해하지 않아요. 스스로 연필을 잡고 공부하는 모습이 감동이었어요."

김태진 학생 어머니 | 상록초등학교

"교과서독해에서 배운 내용을 디지털독해를 통해 한 번 더 공부해서 좋았어요."

정유정 학생 어머니 | 부산진초등학교

"디지털독해가 뭔지 잘 몰랐는데, 책을 펼친 후 바로 알았네요.
공부뿐만 아니라 요즘 시대에 아이들에게 정말 필요한 능력을 길러 주는 책이라고 생각해요."

박수현 학생 어머니 | 광주서초등학교

"교과서를 기반으로 구성된 독해가 정말 매력적이었어요. 무엇보다 교과서가 중요하니까요."

신지훈 학생 어머니 | 고일초등학교

문해력 레벨업 게임

하루 공부를 마칠 때마다 붙임 딱지를 붙여 게임판을
완성해 보세요. 붙임 딱지는 책의 맨 뒤에 있어요.

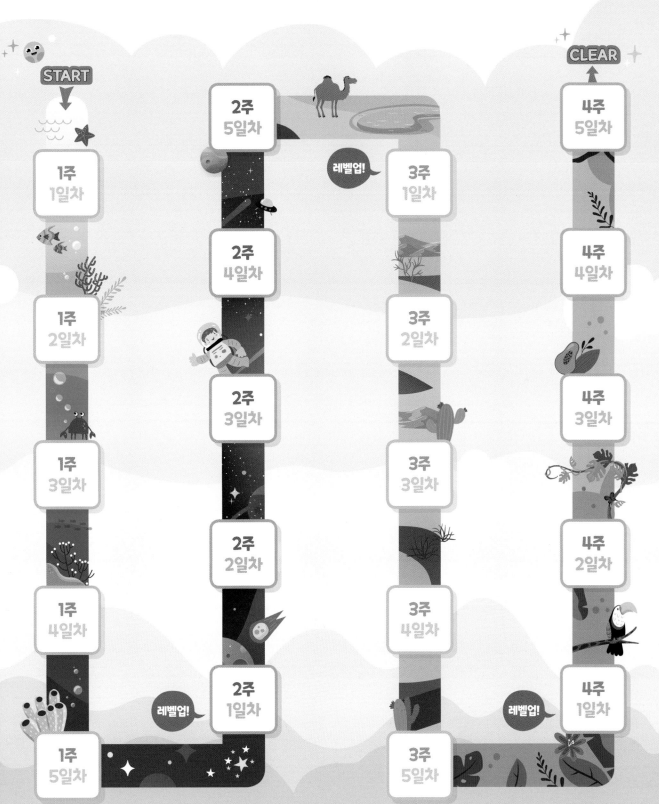

START

1주 1일차

1주 2일차

1주 3일차

1주 4일차

1주 5일차

레벨업!

2주 1일차

2주 2일차

2주 3일차

2주 4일차

2주 5일차

레벨업!

3주 1일차

3주 2일차

3주 3일차

3주 4일차

3주 5일차

레벨업!

4주 1일차

4주 2일차

4주 3일차

4주 4일차

4주 5일차

CLEAR

세계사 세계 문화 ① 권 문화 살펴보기

1주

1일	2일	3일	4일	5일
메소포타미아 문명과 이집트 문명	인도 문명과 중국 문명	문명과 문자	중국 진나라와 한나라 문화	비단길과 동서 무역

2주

1일	2일	3일	4일	5일
페르시아 문화	중국 당나라 문화	동아시아 문화권	중국 송나라의 과학 기술	몽골 제국과 동서 무역

3주

1일	2일	3일	4일	5일
고대 그리스 문화	알렉산드로스와 헬레니즘 문화	불교와 간다라 양식	힌두교와 굽타 왕조 문화	이슬람 문화

4주

1일	2일	3일	4일	5일
세계 3대 종교	로마 문화	비잔티움 문화	크리스트교와 서유럽 문화	흑사병과 유럽의 변화

문해력 보스

세계사 초등 3~6학년

세계 문화 ① 고대~중세

우리 아이에게 "문해력"이 필요한 이유

문해력은 "글을 읽고 쓸 줄 아는 능력"입니다.
그럼 우리 아이의 문해력을 키우면 성적이 올라갈까요?

네, 그렇습니다.
문해력은 공부를 하는 데 필요한 기본 도구입니다.
국어, 사회, 과학 등 아이들이 배우는 과목에는 읽기와 쓰기 능력이 필요합니다.
문해력이 높으면 질문을 쉽게 이해하고
올바른 대답을 쓰거나 말할 수 있습니다.
문해력은 우리 아이의 학습 능력 그 자체입니다.
그래서 우리 아이에게 문해력이 필요합니다.

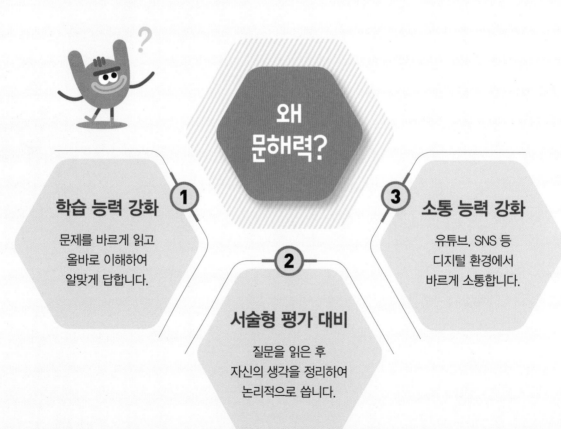

왜
문해력?

학습 능력 강화 ①
문제를 바르게 읽고
올바로 이해하여
알맞게 답합니다.

② 서술형 평가 대비
질문을 읽은 후
자신의 생각을 정리하여
논리적으로 씁니다.

③ 소통 능력 강화
유튜브, SNS 등
디지털 환경에서
바르게 소통합니다.

"문해력보스"가 특별한 이유!

문해력보스는 일반적인 문해력 책과 다릅니다.
이 책은 "글 문해력과 미디어 문해력을 함께 기르는 훈련서"입니다.

글에 대한 문해력을 키우는 것만큼 중요한 것은
유튜브, SNS와 같은 디지털 매체에 대한 문해력을 키우는 것입니다.
우리 아이는 디지털 매체가 가득한 세상에 살고 있습니다.
학교나 집에서 태블릿 PC로 수업을 하고,
유튜브를 보며, SNS로 친구들과 소통합니다.
"문해력보스"는 초등 교과와 연계된 다양한 글을 읽고,
이와 관련된 광고, 뉴스, 블로그 등 다양한 형태의 매체를 접하며 훈련합니다.
"문해력보스"는 우리 아이가 세상을 보는 힘을 길러 줍니다.

문해력
보스는?

① 교과서독해
교과와 연계한
다양한 글감을 읽고
글에 대한 문해력을
기릅니다.

② 디지털독해
뉴스, 블로그 등
다양한 매체를 접하며
미디어 문해력을
기릅니다.

③ 어휘 학습
문해력의 기초가 되는
어휘를 풍부하게
익힙니다.

문해력보스

구성과 특징

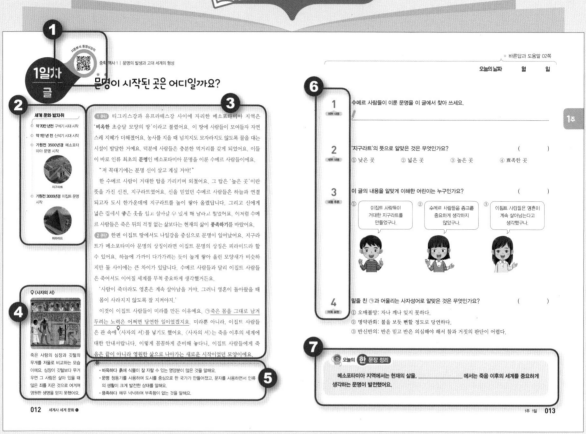

❶ **지문분석 동영상강의** 어려울 수 있는 교과서 지문을 선생님이 친절하게 설명해 줍니다.

❷ **세계 문화 발자취** 문화와 관련된 주요 사건 연표를 통해 세계사의 흐름을 파악합니다.

❸ **교과서 지문** 중등 교과서에 나오는 문화 이야기를 읽고 교과 지식을 쌓습니다.

❹ **보충 설명** 교과서 지문을 이해하는 데 참고할 배경지식을 함께 학습합니다.

❺ **어휘 풀이** 사전을 찾아보지 않고 바로바로 어휘의 뜻을 확인합니다.

❻ **문해력을 기르는 문제** 중심 내용, 세부 내용, 내용 추론, 내용 요약, 어휘 표현의 5가지 문제 유형을 골고루 풀어 보며 자연스럽게 문해력을 기릅니다.

❼ **오늘의 한 문장 정리** 교과서 지문에서 배운 내용을 한 문장으로 정리하는 연습을 합니다.

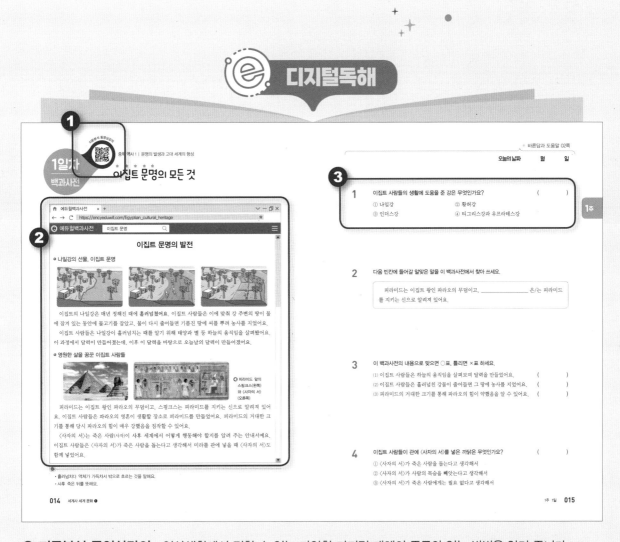

❶ 지문분석 동영상강의 일상생활에서 접할 수 있는 다양한 디지털 매체의 종류와 읽는 방법을 알려 줍니다.

❷ 디지털 매체 지문 교과서독해에서 학습한 주제를 뉴스, 블로그 등 다양한 디지털 매체 지문으로 나타냈습니다.

❸ 문해력을 기르는 문제 디지털 매체 지문을 제대로 이해하였는지 점검하며 미디어 문해력을 기릅니다.

디지털 매체 지문 보기

카드뉴스(위) 인터뷰(아래)

온라인박물관

블로그

신문기사

문해력보스

구성과특징

어휘 정리

1~5일 지문에서 나온 중요 어휘를 정리해 보세요.

오늘의 날짜   월   일

1주

1 밑줄 친 말의 뜻을 알맞게 줄로 이으세요.

장건은 흉노에게 포로로 잡히기도 했어요.	죽은 뒤
나일강은 매년 정해진 때에 흘러넘쳤어요.	산 채로 잡은 적
〈사자의 서〉는 사후 세계에 대한 안내서예요.	애써 가득히 밖으로 흐르다.
한나라와 서역 사이에는 흉노라는 장벽이 있었어요.	서로 다른 나라 사이에 물건을 사고팔다.
장건이 다녀온 길을 따라 중국과 서역 사람들이 교역하기 시작했어요.	갓 들어온 사람이 오래전부터 있던 사람을 내몰다.
인도 땅에 살던 사람들은 아리아 사람들을 보고 굴러온 돌이 박힌 돌 뺀다며 불평했어요.	둘 사이의 관계가 잘되어가지 못하게 가로막는 장애물

2 밑줄 친 말과 뜻이 비슷한 낱말을 〈보기〉에서 찾아 빈칸에 쓰세요.

〈보기〉
재다   기름지다   신성하다   여유롭다   풀어내다

(1) 수메르 사람들은 현재의 삶이 풍족하기를 바랐어요. _____

(2) 프랑스 학자 샹폴리옹이 이집트 상형 문자를 해독했어요. _____

(3) 메소포타미아는 '비옥한 초승달 모양의 땅'이라고 불렸어요. _____

(4) 이집트 상형 문자는 '성스러운 기록'이란 뜻의 이름으로 불리기도 해요. _____

(5) 진나라 시황제는 나라마다 달랐던 단위를 측정하는 방법을 통일했어요. _____

3 다음 ( ) 안에 들어갈 알맞은 말을 골라 ○표 하세요.

(1) 이집트 사람들은 사물의 모양을 (본따 , 본떠) 문자를 만들었어요.

(2) 장건이 (개척한 , 개척한) 길은 동양과 서양을 잇는 무역로가 되었어요.

(3) 상나라에서는 (점괘 , 점쾌)를 거북의 배딱지나 동물의 뼈 위에 새겼어요.

(4) 아리아 사람들은 (엄격한 , 엄격한) 신분제인 카스트 제도를 만들었어요.

(5) 상나라에서는 갑골에 낸 구멍을 불로 (지져서 , 지저서) 갈라지는 금을 보고 점을 쳤어요.

한 주간 배운 중요 어휘를 문제를 풀어 보며 확인합니다.

- **1**번에서는 앞에서 배운 어휘의 뜻을 알맞게 연결합니다.
- **2**번에서는 뜻이 서로 비슷한 어휘를 알아봅니다.
- **3**번에서는 맞춤법에 맞는 어휘를 확인합니다.

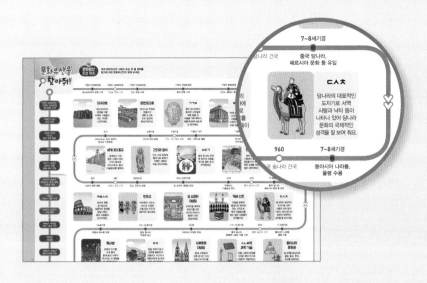

문화유산 초성 퀴즈 연표

연표를 따라가며 문화유산의 그림과 초성, 한 줄 정리를 통해 각권에서 배운 중요 문화유산의 이름을 맞혀 봅니다.

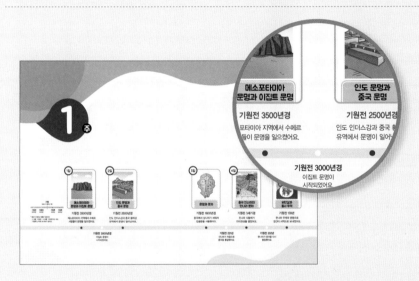

미리 보는 주별 학습

연표를 따라가며 해당 주에 만날 전 세계의 다양한 문화와 사건을 살펴봅니다.

바른답과 도움말

문제를 풀고 난 후 바른답과 도움말을 통해 혼자서도 쉽게 공부할 수 있습니다.

문해력보스 세계사 세계 문화 ❷, ❸권 주제 살펴보기

공부 습관을 만드는 스스로 학습 계획표

매일 공부를 마친 후, 공부한 날과 목표 달성도를 채워 보세요.

진도		유형	주제	쪽수	공부한 날	목표 달성도
1주	1일	글 백과사전	문명이 시작된 곳은 어디일까요? 이집트 문명의 모든 것	12~15쪽	월 일	♡♡♡
	2일	글 SNS	한반도 근처에서 만들어진 문명이 있을까요? 인도와 중국에서 꽃핀 문명	16~19쪽	월 일	♡♡♡
	3일	글 온라인박물관	옛날 사람들은 어떤 글자를 썼을까요? 글자에 담긴 문명의 모습	20~23쪽	월 일	♡♡♡
	4일	글 카드뉴스	중국 문화의 출발지는 어느 나라일까요? 시황제, 진나라를 디자인하다	24~27쪽	월 일	♡♡♡
	5일	글 인터뷰	비단길은 '비단으로 만든 길'이라는 뜻일까요? 장건의 모험으로 새로운 길이 열리다	28~31쪽	월 일	♡♡♡
	특별학습	1주 정리	어휘 정리			
2주	1일	글 온라인박물관	페르시아는 왜 다양한 문화가 섞여 있을까요? 페르시아 문화가 전해진 길을 따라서	36~39쪽	월 일	♡♡♡
	2일	글 온라인전시회	당나라에는 왜 국제적인 문화가 발전했을까요? 세계 문화와 어우러진 당나라 문화	40~43쪽	월 일	♡♡♡
	3일	글 백과사전	동아시아 나라들은 왜 비슷한 문화를 가지고 있을까요? 문화 울타리를 이룬 동아시아	44~47쪽	월 일	♡♡♡
	4일	글 방송토론	나침반은 언제부터 항해에 이용되었나요? 유럽을 바꾼 송나라의 과학 기술	48~51쪽	월 일	♡♡♡
	5일	글 카드뉴스	몽골 제국은 왜 길 중간중간에 먹고 자는 곳을 마련했을까요? 한눈에 보는 몽골 제국의 문화	52~55쪽	월 일	♡♡♡
	특별학습	2주 정리	어휘 정리			
3주	1일	글 카드뉴스	고대 그리스 사람들은 어떤 문화를 즐겼을까요? 신과 인간을 담은 문화	62~65쪽	월 일	♡♡♡
	2일	글 신문기사	알렉산드로스가 거대한 제국을 만들고 나서 어떤 변화가 생겼나요? 동양과 서양의 만남, 헬레니즘 문화	66~69쪽	월 일	♡♡♡
	3일	글 온라인박물관	불교가 인도 문화에 미친 영향은 무엇일까요? 부처의 눈, 코, 입을 조각하다	70~73쪽	월 일	♡♡♡
	4일	글 백과사전	오늘날 인도를 대표하는 종교는 무엇일까요? 힌두교가 바탕이 된 인도 문화	74~77쪽	월 일	♡♡♡
	5일	글 온라인전시회	이슬람교를 믿는 사람들은 왜 돼지고기를 먹지 않을까요? 사진으로 보는 이슬람 문화	78~81쪽	월 일	♡♡♡
	특별학습	3주 정리	어휘 정리			
4주	1일	글 백과사전	세계의 3대 종교는 무엇일까요? 개성 넘치는 세계 3대 종교의 문화유산	86~89쪽	월 일	♡♡♡
	2일	글 블로그	로마 사람들도 목욕을 했을까요? 로마 시민의 하루	90~93쪽	월 일	♡♡♡
	3일	글 온라인전시회	서유럽과 동유럽은 왜 서로 다른 문화를 가지게 되었을까요? 천 년의 문화를 간직한 비잔티움 제국	94~97쪽	월 일	♡♡♡
	4일	글 온라인박물관	성당의 뾰족한 탑에 담긴 중세 서유럽 사람들의 생각은 무엇일까요? 우리는 신과 가까워지고 싶어요	98~101쪽	월 일	♡♡♡
	5일	글 카드뉴스	중세 유럽을 변화시킨 병은 무엇일까요? 중세 유럽이 무너지다	102~105쪽	월 일	♡♡♡
	특별학습	4주 정리	어휘 정리			

1주

1일

메소포타미아 문명과 이집트 문명

기원전 3500년경

메소포타미아 지역에서 수메르 사람들이 문명을 일으켰어요.

2일

인도 문명과 중국 문명

기원전 2500년경

인도 인더스강과 중국 황허강 유역에서 문명이 일어났어요.

기원
(예수가 태어난 해)

| 기원전 2000년 | 기원전 1000년 | | 기원후 1000년 | 기원후 2000년 |

* 예수가 태어난 해를 기준으로
 그 전을 '기원전', 그 후를 '기원후'라고 해요.
 '기원후'는 따로 표시하지 않아요.

기원전 3000년경
이집트 문명이
시작되었어요.

연표를 따라가며 1주차에 만날 **고대 문명**과 **중국의 주요 문화**와 사건을 살펴보세요.

3일

문명과 문자

기원전 1600년경

중국에서 상나라가 세워져
갑골문을 사용했어요.

4일

**중국 진나라와
한나라 문화**

기원전 3세기경

진나라 시황제가
만리장성을 쌓았어요.

5일

**비단길과
동서 무역**

기원전 139년

한나라 무제의 명령으로
장건이 서역으로 보내졌어요.

기원전 221년

진나라가 처음으로
중국을 통일했어요.

기원전 202년

한나라가 중국을 다시
통일했어요.

1일차 글

문명이 시작된 곳은 어디일까요?

세계 문화 발자취

○ 약70만 년 전 구석기 시대 시작

○ 약 1만 년 전 신석기 시대 시작

○ 기원전 3500년경 메소포타미아 문명 시작

지구라트

○ 기원전 3000년경 이집트 문명 시작

피라미드

1 문단 티그리스강과 유프라테스강 사이에 자리한 메소포타미아 지역은 '비옥한 초승달 모양의 땅'이라고 불렸어요. 이 땅에 사람들이 모여들자 자연스레 지혜가 더해졌어요. 농사를 지을 때 넘치지도 모자라지도 않도록 물을 대는 시설이 발달한 거예요. 덕분에 사람들은 충분한 먹거리를 갖게 되었어요. 이들이 바로 인류 최초의 **문명**인 메소포타미아 문명을 이룬 수메르 사람들이에요.

"저 꼭대기에는 분명 신이 살고 계실 거야!"

한 수메르 사람이 거대한 탑을 가리키며 외쳤어요. 그 탑은 '높은 곳'이란 뜻을 가진 신전, 지구라트였어요. 신을 믿었던 수메르 사람들은 하늘과 연결되고자 도시 한가운데에 지구라트를 높이 쌓아 올렸답니다. 그리고 신에게 넓은 집에서 좋은 옷을 입고 살아갈 수 있게 해 달라고 빌었어요. 이처럼 수메르 사람들은 죽은 뒤의 걱정 없는 삶보다는 현재의 삶이 **풍족하기**를 바랐어요.

2 문단 한편 이집트 땅에서도 나일강을 중심으로 문명이 일어났어요. 지구라트가 메소포타미아 문명의 상징이라면 이집트 문명의 상징은 피라미드라 할 수 있어요. 하늘에 가까이 다가가려는 듯이 높게 쌓아 올린 모양새가 비슷하지만 둘 사이에는 큰 차이가 있답니다. 수메르 사람들과 달리 이집트 사람들은 죽어서도 이어질 세계를 무척 중요하게 생각했거든요.

'사람이 죽더라도 영혼은 계속 살아남을 거야. 그러니 영혼이 돌아왔을 때 몸이 사라지지 않도록 잘 지켜야지.'

이것이 이집트 사람들이 미라를 만든 이유예요. ㉠죽은 몸을 그대로 남겨 두려는 노력은 어쩌면 당연한 일이었겠지요. 미라뿐 아니라, 이집트 사람들은 관 속에 〈사자의 서〉를 넣기도 했어요. 〈사자의 서〉는 죽음 이후의 세계에 대한 안내서랍니다. 이렇게 꼼꼼하게 준비해 놓다니, 이집트 사람들에게 죽음은 끝이 아니라 영원한 삶으로 나아가는 새로운 시작이었던 모양이에요.

○ 〈사자의 서〉

죽은 사람의 심장과 깃털의 무게를 저울로 비교하는 모습이에요. 심장이 깃털보다 무거우면 그 사람은 살아 있을 때 많은 죄를 지은 것으로 여겨져 영원한 생명을 얻지 못했어요.

• 비옥하다 흙에 식물이 잘 자랄 수 있는 영양분이 많은 것을 말해요.
• 문명 청동기를 사용하며 도시를 중심으로 한 국가가 만들어졌고, 문자를 사용하면서 인류의 생활이 크게 발전한 상태를 말해요.
• 풍족하다 매우 넉넉하여 부족함이 없는 것을 말해요.

1
세부 내용

수메르 사람들이 이룬 문명을 이 글에서 찾아 쓰세요.

✏️ _____

2
세부 내용

'지구라트'의 뜻으로 알맞은 것은 무엇인가요?   (   )

① 낮은 곳   ② 넓은 곳   ③ 높은 곳   ④ 뾰족한 곳

3
내용 추론

이 글의 내용을 알맞게 이해한 어린이는 누구인가요?   (   )

①
이집트 사람들이
거대한 지구라트를
만들었구나.

②
수메르 사람들은 종교를
중요하게 생각하지
않았구나.

③
이집트 사람들은 영혼이
계속 살아남는다고
생각했구나.

4
어휘 표현

밑줄 친 ⊙과 어울리는 사자성어로 알맞은 것은 무엇인가요?   (   )

① 오매불망: 자나 깨나 잊지 못하다.
② 명약관화: 불을 보듯 뻔할 정도로 당연하다.
③ 반신반의: 반은 믿고 반은 의심해야 해서 참과 거짓의 판단이 어렵다.

  오늘의 **한** 문장 정리

메소포타미아 지역에서는 현재의 삶을, _____ 에서는 죽음 이후의 세계를 중요하게
생각하는 문명이 발전했어요.

1일차
백과사전

지문분석 동영상강의

이집트 문명의 모든 것

🏠 에듀윌백과사전   × +

← → C https://encyeduwill.com/Egyptian_cultural_heritage ☆

ℯ 에듀윌백과사전   이집트 문명 🔍 ≡

이집트 문명의 발전

⊙ 나일강의 선물, 이집트 문명

이집트의 나일강은 매년 정해진 때에 **흘러넘쳤어요.** 이집트 사람들은 이에 맞춰 강 주변의 땅이 물에 잠겨 있는 동안에 물고기를 잡았고, 물이 다시 줄어들면 기름진 땅에 씨를 뿌려 농사를 지었어요.

이집트 사람들은 나일강이 흘러넘치는 때를 알기 위해 태양과 별 등 하늘의 움직임을 살펴봤어요. 이 과정에서 달력이 만들어졌는데, 이후 이 달력을 바탕으로 오늘날의 달력이 만들어졌어요.

⊙ 영원한 삶을 꿈꾼 이집트 사람들

◀ 피라미드 앞의 스핑크스(왼쪽)와 〈사자의 서〉(오른쪽)

피라미드는 이집트 왕인 파라오의 무덤이고, 스핑크스는 피라미드를 지키는 신으로 알려져 있어요. 이집트 사람들은 파라오의 영혼이 생활할 장소로 피라미드를 만들었어요. 피라미드의 거대한 크기를 통해 당시 파라오의 힘이 매우 강했음을 짐작할 수 있어요.

〈사자의 서〉는 죽은 사람(사자)이 **사후** 세계에서 어떻게 행동해야 할지를 알려 주는 안내서예요. 이집트 사람들은 〈사자의 서〉가 죽은 사람을 돕는다고 생각해서 미라를 관에 넣을 때 〈사자의 서〉도 함께 넣었어요.

• 흘러넘치다 액체가 가득차서 밖으로 흐르는 것을 말해요.
• 사후 죽은 뒤를 뜻해요.

1주

1   이집트 사람들의 생활에 도움을 준 강은 무엇인가요?　　　　　　　(　　　　)

① 나일강   ② 황허강

③ 인더스강   ④ 티그리스강과 유프라테스강

2   다음 빈칸에 들어갈 알맞은 말을 이 백과사전에서 찾아 쓰세요.

> 피라미드는 이집트 왕인 파라오의 무덤이고, ＿＿＿＿＿＿＿＿ 은/는 피라미드
> 를 지키는 신으로 알려져 있어요.

3   이 백과사전의 내용으로 맞으면 ○표, 틀리면 ×표 하세요.

(1) 이집트 사람들은 하늘의 움직임을 살펴보며 달력을 만들었어요.   (　　　　)

(2) 이집트 사람들은 흘러넘친 강물이 줄어들면 그 땅에 농사를 지었어요.   (　　　　)

(3) 피라미드의 거대한 크기를 통해 파라오의 힘이 약했음을 알 수 있어요.   (　　　　)

4   이집트 사람들이 관에 〈사자의 서〉를 넣은 까닭은 무엇인가요?　　(　　　　)

① 〈사자의 서〉가 죽은 사람을 돕는다고 생각해서

② 〈사자의 서〉가 사람의 목숨을 빼앗는다고 생각해서

③ 〈사자의 서〉가 죽은 사람에게는 필요 없다고 생각해서

2일차 글

지문분석 동영상강의

한반도 근처에서 만들어진 문명이 있을까요?

세계 문화 발자취

○ **기원전 3000년경** 이집트 문명 시작

○ **기원전 2500년경** 인도 문명 시작

모헨조다로 유적

○ **기원전 1600년경** 중국 상나라 건국

갑골문

○ **기원전 11세기경** 중국 주나라 건국

🔎 갑골문

1 문단 "마치 바둑판 위를 걷는 것 같아!"

인더스강에서 시작된 인도 문명의 도시 **유적**, 모헨조다로에 가게 된다면 그런 기분이 들지 몰라요. 수천 년 전에 만들어졌다고 믿기 어려울 만큼 네모 반듯한 도시이기 때문이에요. 구운 벽돌로 만든 직사각형의 건물들과 그 사이로 난 직선의 길들이 모두 질서 있게 자리하고 있어요. 이런 모습은 모헨조다로가 계획적으로 잘 만들어진 도시라는 사실을 보여 주지요. 모헨조다로 사람들은 집집마다 깨끗한 우물과 화장실을 갖췄고, 인류의 역사에서 처음으로 공중목욕탕을 이용하기도 했답니다.

2 문단 시간이 흘러 인도 땅에서는 중앙아시아에서 이동해 온 아리아 사람들의 힘이 커져 갔어요. 이들은 철로 만든 무기를 가져 싸움을 잘했거든요. 땅을 넓힌 아리아 사람들은 그 땅에 원래 살고 있던 사람들과 자신들을 구분하고 싶어 했어요. 그래서 **엄격한** 신분제인 카스트 제도를 만들어 신분에 맞는 직업은 물론 행동까지도 정해 놓고 사람들을 다스렸지요. 그러자 원래 이곳에 살던 사람들은 '**굴러온 돌이 박힌 돌을 빼려 한다**'며 불평했다고 해요.

3 문단 중국 황허강 유역에서도 문명이 발생해 크고 작은 나라들이 나타났어요. 그중 상나라는 청동으로 만든 무기를 써 힘이 강했어요. 그리고 상나라 사람들은 나라의 중요한 일을 결정할 때마다 점을 쳐서 신에게 뜻을 물었어요.

"전쟁에서 이길 수 있을지 점을 쳐야겠으니 거북이 배딱지를 가져와라!"

상나라의 왕은 사람들이 앓고 있는 병을 어쩌면 좋을지, 언제 사냥을 나가야 할지 등 많은 문제를 점을 쳐서 알아봤어요. ⟨ ㉠ ⟩ 점을 친 내용을 갑골이라고 부르는 거북의 배딱지나 동물의 뼈에 새겨 놓았지요. 이를 통해 신과 비슷하게 여겨졌던 상나라 왕의 모습도 엿볼 수 있답니다.

• 유적 위치를 이동할 수 없는 역사적인 장소를 말해요.
• 엄격하다 말이나 태도, 규칙 등이 매우 엄하고 철저한 것을 뜻해요.
• 굴러온 돌이 박힌 돌 뺀다 갓 들어온 사람이 오래전부터 있던 사람을 내모는 것을 말해요.

오늘의 날짜   월   일

1
세부 내용

모헨조다로에서 처음으로 사용한 것으로 알맞은 것은 무엇인가요?   (   )

① 갑골   ② 신분제   ③ 화장실   ④ 공중목욕탕

2
세부 내용

다음 빈칸에 들어갈 알맞은 말을 이 글에서 찾아 쓰세요.

아리아 사람들은 ＿＿＿＿＿＿＿＿＿＿을/를 만들어 넓힌 땅에 살고 있던 사람들과 자신들을 구분했어요. 사람들을 크게 4개의 신분으로 나누고, 신분에 따라 가질 수 있는 직업과 생활 방식까지 정해 놓았어요.

보라만 (제사장)
크샤트리아 (왕, 귀족)
바이샤 (농민, 상인)
수드라 (노예)

3
어휘 표현

㉠에 들어갈 알맞은 말은 무엇인가요?   (   )

① 그래서   ② 그러나   ③ 그리고   ④ 왜냐하면

4
내용 요약

각 문단의 내용을 찾아 알맞게 기호를 쓰세요.

㈎ 모헨조다로는 계획적으로 만들어진 도시예요.
㈏ 상나라에서는 나라의 중요한 일을 결정할 때 점을 쳤어요.
㈐ 아리아 사람들은 넓힌 땅에 살던 사람들과 자신들을 구분하고 싶어 했어요.

1 문단 (   ) ➡ 2 문단 (   ) ➡ 3 문단 (   )

 오늘의 **한** 문장 정리

인도 문명은 ＿＿＿＿＿＿＿＿＿ 에서 시작되었고, 중국 문명은 황허강에서 시작되었어요.

2일차

SNS

지문분석 동영상강의

인도와 중국에서 꽃핀 문명

---

eduwill · HD · 10:15

POST

모하메(Mohame)

♡ ○ ▽ 🔖

좋아요 124개

모하메(Mohame) 안녕. 친구들! 오늘 가족들과 함께 종교 행사에 다녀왔어. 행사에 가기 전에는 공중목욕탕에서 다 같이 몸을 깨끗이 씻었어. 내가 살고 있는 도시인 모헨조다로는 철저한 계획에 따라 만들어진 　　㉠　　 도시야. 구운 벽돌로 지은 건물들이 규칙적으로 세워져 있어 도시 전체가 네모반듯한 모양이지. 그래서 친구 집을 쉽게 찾을 수도 있어. 또, 집집마다 더러운 물이 빠져나가는 통로를 두어 한곳으로 모여 처리되도록 만들어졌어. 그 덕분에 우리 도시는 항상 깨끗해. 언제든 모헨조다로에 한 번 놀러 와!

#인도 문명 #계획도시 #인더스강

---

eduwill · HD · 12:30

POST

왕수연(Wang)

♡ ○ ▽ 🔖

좋아요 77개

왕수연(Wang) 나는 중국 상나라에서 점을 치는 일을 해. 상나라에서는 왕이 나랏일을 결정할 때 나와 같은 **점술사**의 도움을 받아 점을 쳐. 점을 치는 내용은 전쟁, 날씨, 사냥, 질병 등 매우 다양해. 나는 거북의 배딱지나 동물의 **뼈**에 작은 구멍을 낸 후 구멍을 불로 **지져서** 갈라지는 금의 모양을 보고 점을 쳐. 그리고 **점괘**가 어땠는지를 배딱지나 뼈 위에 적어둬. 이때 사용된 문자는 거북의 배딱지를 뜻하는 '갑'과 동물의 뼈를 뜻하는 '골'이라는 글자를 합쳐 '갑골문'이라고 불려. 후, 왕이 또 점을 치러 오라고 하니 이만 가봐야겠어.

#중국 문명 #황허강 #갑골문 #또 점치러 감

- **점술사** 점을 쳐서 미래의 일이나 운명을 판단하고 예언하는 일을 하는 사람을 말해요.
- **지지다** 불에 달군 물건을 어떤 것에 대어 조금 타게 하는 것을 말해요.
- **점괘** 점을 쳐서 나온 결과를 말해요.

1 ㉠에 들어갈 알맞은 말을 골라 ○표 하세요.

계획	공업	공중	농업

2 이 SNS에서 알 수 있는 모헨조다로의 특징이 <u>아닌</u> 것은 무엇인가요?   (   )

① 네모반듯한 도시의 모양
② 구운 벽돌로 지은 건물들
③ 이동하기 힘들 정도로 울퉁불퉁한 도로
④ 집집마다 둔 더러운 물이 빠져나가는 통로

3 이 SNS의 내용으로 맞으면 ○표, 틀리면 ×표 하세요.

(1) 모헨조다로 사람들은 공중목욕탕을 이용했어요.   (   )
(2) 중국 상나라의 왕은 전쟁, 날씨, 사냥 등에 대해 점을 쳤어요.   (   )
(3) 모헨조다로의 건물들은 규칙 없이 아무렇게나 세워져 있어요.   (   )

4 다음 빈칸에 들어갈 알맞은 말을 이 SNS에서 찾아 쓰세요.

중국 상나라에서 점을 치는 데 사용한 문자는 (❶)의 배딱지를 뜻하는 '갑'과 동물의 (❷)을/를 뜻하는 '골'이라는 글자를 합쳐 갑골문이라고 불려요.

❶ _____   ❷ _____

3일차
글

지문분석 동영상강의

옛날 사람들은 어떤 글자를 썼을까요?

1 문단 메소포타미아 문명을 이룬 수메르 사람들은 고민에 빠졌어요. 농사가 잘되어 가축과 곡식이 늘어나자 이를 기록할 필요가 생겼기 때문이에요.

'귀한 소, 양, 물고기, 곡식에 대한 일이니 빠짐없이 기억해 두어야 할 텐데. 말로만 전하면 언젠가 잊어버릴지도 몰라.'

그때 누군가 말랑한 점토판에 뾰족한 도구로 가축과 곡식에 대한 정보를 쐐기 모양으로 새기기 시작했어요. 이로써 수메르 사람들은 필요한 정보를 정확하게 기록할 수 있게 되었지요. 인류의 가장 오래된 문자인 쐐기 문자는 이렇게 탄생했답니다.

2 문단 한편, 이집트 사람들도 문자를 사용하기 시작했어요. 이 문자는 사물의 모양을 **본떠** 만들었다고 해서 상형 문자라고 불려요. 이집트 사람들은 자신들의 문자를 신이 내려 준 선물로 여겼어요. 그런 믿음 때문에 이집트의 상형 문자는 '**성스러운** 기록'이란 뜻의 '히에로글리프'라 불리기도 해요. 시간이 지나 이집트 문명이 널리 알려지면서 이 신비로운 문자의 속뜻을 풀기 위한 노력이 있었어요. 그중 유명한 것은 프랑스의 **나폴레옹**이 이집트를 정벌하러 왔을 때 발견한 로제타석이에요. 많은 사람들은 이 커다란 돌에 새겨진 암호 같은 이집트 상형 문자의 뜻을 알아내고자 노력했는데 쉽게 풀리지 않았어요. 그러다 20여 년이 지나 프랑스 학자 **샹폴리옹**이 이 문자를 **해독했어요.**

3 문단 중국 상나라에서는 중요한 나랏일에 대해 점을 친 후 그 결과를 거북의 배딱지나 동물의 뼈에 기록했어요. 동물을 이용해 점을 치는 일은 아주 오래전부터 있었지만 문자로 새겨 남긴 것은 상나라가 처음이었지요. 이 특별한 글자에는 '갑골문'이라는 이름이 붙었어요. '거북의 배딱지'를 뜻하는 한자 '갑'과 '동물의 뼈'를 뜻하는 한자 '골'이 합쳐진 것이지요. 이 갑골문은 한자의 ㉠뿌리로 알려져 큰 의미를 가진답니다.

♀ 쐐기 문자가 새겨진 점토판

♀ 로제타석

- **본뜨다** 이미 있는 것을 그대로 따라서 만드는 것을 말해요.
- **성스럽다** 함부로 가까이할 수 없을 만큼 위대함을 뜻해요.
- **해독하다** 쉽게 알 수 없는 암호나 기호 등의 뜻을 알아내는 것을 말해요.

1

세부 내용

다음 빈칸에 들어갈 알맞은 말을 이 글에서 찾아 쓰세요.

> 메소포타미아 문명의 수메르 사람들은 인류의 가장 오래된 문자인 _____ 을/를 만들었어요.

2

세부 내용

로제타석에 새겨진 이집트의 상형 문자를 해독한 인물은 누구인가요?　　　（　　　　）

① 두보　　　　　② 장건　　　　　③ 나폴레옹　　　　　④ 샹폴리옹

3

내용 추론

이집트의 상형 문자가 '히에로글리프'라 불린 까닭은 무엇인가요?　　　（　　　　）

① 쐐기 문자보다 훌륭한 문자였기 때문에

② 누구나 쉽게 익힐 수 있는 문자였기 때문에

③ 신이 내려 준 선물로 여겨진 문자였기 때문에

④ 거북의 배딱지나 동물의 뼈에 새긴 문자였기 때문에

4

어휘 표현

밑줄 친 ㉠과 뜻이 비슷하지 <u>않은</u> 말은 무엇인가요?　　　（　　　　）

① 결실: 일의 결과가 잘 맺어짐.

② 기원: 사물이 처음으로 생겨난 것

③ 바탕: 사물이나 현상의 기초를 이루는 것

 오늘의 **한** 문장 정리

> 메소포타미아 문명은 쐐기 문자를, 이집트 문명은 사물을 본뜬 문자를, 중국 상나라에서는
> _____ 을 썼어요.

3일차
온라인 박물관

지문분석 동영상강의

글자에 담긴 문명의 모습

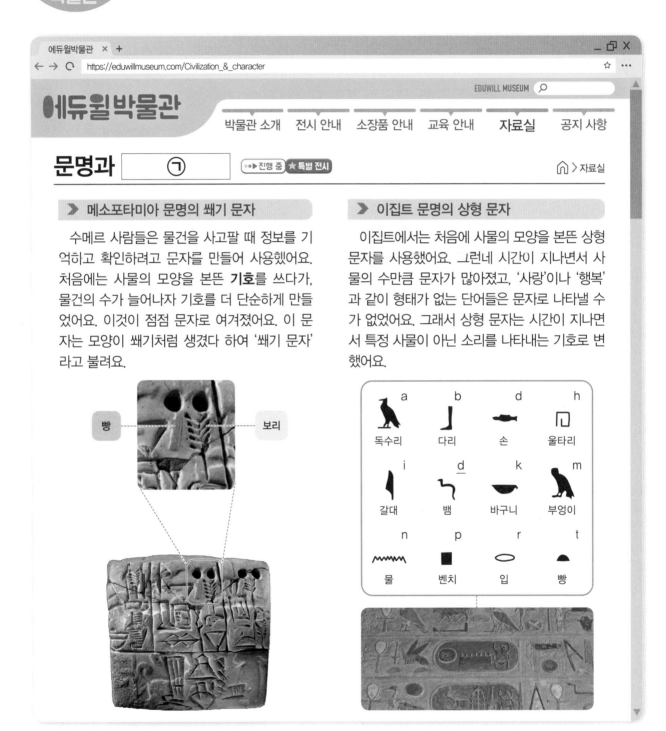

에듀윌박물관 × +

https://eduwillmuseum.com/Civilization_&_character

에듀윌박물관

EDUWILL MUSEUM

박물관 소개　전시 안내　소장품 안내　교육 안내　**자료실**　공지 사항

문명과 　　ㄱ　　

●●▶진행 중 ★특별 전시

⌂ > 자료실

▶ 메소포타미아 문명의 쐐기 문자

수메르 사람들은 물건을 사고팔 때 정보를 기억하고 확인하려고 문자를 만들어 사용했어요. 처음에는 사물의 모양을 본뜬 **기호**를 쓰다가, 물건의 수가 늘어나자 기호를 더 단순하게 만들었어요. 이것이 점점 문자로 여겨졌어요. 이 문자는 모양이 쐐기처럼 생겼다 하여 '쐐기 문자'라고 불려요.

빵　　　　　　보리

▶ 이집트 문명의 상형 문자

이집트에서는 처음에 사물의 모양을 본뜬 상형 문자를 사용했어요. 그런데 시간이 지나면서 사물의 수만큼 문자가 많아졌고, '사랑'이나 '행복'과 같이 형태가 없는 단어들은 문자로 나타낼 수가 없었어요. 그래서 상형 문자는 시간이 지나면서 특정 사물이 아닌 소리를 나타내는 기호로 변했어요.

a 독수리	b 다리	d 손	h 울타리
i 갈대	d 뱀	k 바구니	m 부엉이
n 물	p 벤치	r 입	t 빵

・**기호** 어떤 뜻을 나타내기 위해 쓰이는 여러 가지 표시를 말해요.

1 ㉠에 들어갈 알맞은 말을 골라 ○표 하세요.

| 과학 | 농업 | 문자 | 음악 |

2 이 전시를 본 후 선생님의 물음에 알맞게 대답한 어린이는 누구인가요? (   )

선생님

수메르 사람들이
문자를 사용한 까닭은
무엇인가요?

① 준호: 강력한 왕의 힘을 드러내기 위해서였어요.

② 민정: 이집트를 공격해서 차지하기 위해서였어요.

③ 세호: 물건을 사고팔 때 정보를 기억하기 위해서였어요.

3 다음 (   ) 안에 들어갈 알맞은 말을 골라 ○표 하세요.

이집트 문명에서는 사물의 모양을 본뜬 (**상형** , **쐐기**) 문자를 사용했어요.

4 다음 이집트의 문자는 무엇을 본떠 만든 것인가요? (   )

n
ᴡᴡᴡᴡ

① 물   ② 뱀   ③ 바구니   ④ 울타리

4일차 글

중국 문화의 출발지는 어느 나라일까요?

세계 문화 발자취

- **기원전 8세기경** 중국 춘추 전국 시대 시작
- **기원전 3세기경** 진나라 시황제, 만리장성 건설

- **기원전 202년** 한나라, 중국 통일
- **기원전 139년** 장건, 서역으로 출발
- **105년경** 채륜, 종이 만드는 법 개량

1 문단 중국에서는 춘추 전국 시대라는 혼란의 시기가 찾아왔어요. 최고가 되겠다며 너나없이 싸우기 바빴으니까요. 그 혼란을 끝내고 중국을 처음으로 통일한 인물은 **진나라 시황제**였어요. 시황제가 얼마나 대단했는지는 만리장성을 떠올려 보면 알 수 있을 거예요. 흉노의 침입을 막기 위해 쌓은 거대한 성벽, 만리장성의 엄청난 규모는 그의 힘을 보여 주는 듯하지요. 그런데 이처럼 대단한 힘을 가진 시황제에게도 깊은 고민이 있었답니다.

'모든 걸 가졌지만 죽음을 피할 방법을 찾지 못하다니! 아, 영원히 살 수 없다면 죽어서도 내가 가진 것들을 계속 누려야겠다.'

시황제는 지하에 궁전 같은 거대한 무덤을 만들었어요. 그러고는 그 무덤을 지킬 병사와 말의 흙 모형을 잔뜩 만들어 넣었지요. 실제 크기와 비슷한 이 모형을 '병마용', 그것들이 무수히 늘어선 **갱도**를 '병마용 갱'이라 부르는데, 지금의 기술로도 다 살피지 못했을 정도로 어마어마한 규모를 자랑해요.

2 문단 진나라 다음으로 중국을 통일한 나라는 한나라예요. 중국의 글자를 '한나라'에서 따온 글자 '한'을 붙여 '한자'라고 한다는 것을 알고 있나요? 이처럼 한나라는 이후 중국 문화의 바탕이 된 문화를 발전시켰어요.

'죽간은 너무 무겁고 커서 문제야. 글을 쓰기 위해 대나무를 쪼개 이어 붙인 것이니 어쩔 수 없지만 참 불편하단 말이야.'

한나라의 관리 **채륜**은 나무껍질, 천 조각 등을 삶아 으깬 후 틀 위에 얇게 펴 말려 기존에 포장지로만 쓰이던 종이를 글을 쓸 수 있도록 매끄럽게 만들었어요. 채륜의 연구로 더욱 ⟨ ㉠ ⟩ 종이가 죽간 대신 널리 사용되면서 학문의 발전은 날개를 달았지요. 그리고 한나라 때 동서양을 잇는 무역로인 비단길도 열렸어요. 비단길의 **개척**은 흉노를 막기 위한 동맹을 맺으러 머나먼 **서역**으로 떠났던 **장건**의 모험이 그 계기가 되었답니다.

- **갱도** 땅속을 파고 들어간 굴에 뚫어 놓은 길이에요.
- **개척** 새로운 길을 찾아서 열어 나가는 것을 말해요.
- **서역** 중국의 서쪽에 있던 여러 나라를 통틀어 부르는 말이에요.

병마용 갱과 병마용

병마용 갱은 1974년에서야 중국의 한 마을에서 우물을 파던 농부에 의해 발견되었어요. 이곳에 남아 있는 병마용은 약 8천 개나 되는데, 표정이 생생하고 얼굴의 생김새가 저마다 다르다고 해요.

오늘의 날짜   월   일

1

세부 내용

진나라 시황제가 만리장성을 쌓은 까닭은 무엇인가요?   (   )

① 흉노의 침입을 막기 위해서

② 서역과 동맹을 맺기 위해서

③ 자신의 무덤을 지키게 하기 위해서

2

세부 내용

이 글의 내용으로 알맞지 <u>않은</u> 것은 무엇인가요?   (   )

① 진나라와 한나라는 중국을 통일한 나라예요.

② 진나라 시황제는 대나무로 병사와 말 모형을 만들었어요.

③ 중국의 글자는 '한나라'에서 따온 글자를 붙여 '한자'라고 해요.

3

어휘 표현

㉠에 들어갈 알맞은 말은 무엇인가요?   (   )

① 불편해진   ② 편리해진   ③ 쓸모없어진

4

내용 요약

이 글의 내용을 요약했어요. 빈칸에 들어갈 알맞은 말을 찾아 쓰세요.

옛 중국의 문화

(❶)의 문화
- 시황제가 엄청난 규모의 성벽인 만리장성을 만듦.
- 시황제가 자신의 무덤에 병마용을 만들어 넣음.

한나라의 문화
- 채륜이 죽간을 대신할 (❷)을/를 만듦.
- 장건의 모험을 계기로 비단길이 개척됨.

❶ _____   ❷ _____

🐵 오늘의 **한** 문장 정리

진나라는 엄청난 규모의 문화유산을 남겼고, _____ 는 중국 문화의 바탕을 만들었어요.

시황제, 진나라를 디자인하다

01 진나라의 화폐 통일

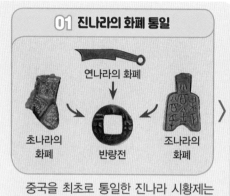

연나라의 화폐

초나라의
화폐 | 반량전 | 조나라의
화폐

중국을 최초로 통일한 진나라 시황제는 여러 나라에서 사용하던 다양한 화폐를 진나라의 화폐인 반량전으로 통일했어요.

02 단위의 통일

양을 재는 용기   무게를 다는 추

시황제는 각 나라마다 달랐던 길이, 무게 등을 재는 기구를 통일해서 장사할 때나 세금을 걷을 때 생기는 불편함을 없앴어요.

03 만리장성 건설

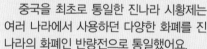

시황제는 사납기로 소문난 흉노가 말을 타고 진나라 땅으로 넘어오지 못하도록 북쪽 경계를 따라 만리장성을 쌓았어요.

04 병마용 갱 건설

시황제는 자신의 무덤을 지키게 하기 위해 실제 사람 크기와 비슷한 수천 개의 병마용을 넣은 병마용 갱을 만들었어요.

05 가혹한 통치

시황제는 자신의 생각과 다른 내용을 담은 책을 모두 불태우고, 자신의 정책을 비판하는 사람들의 목숨을 빼앗았어요.

06 황제의 도로 건설

시황제는 수도와 지방을 연결하는 도로를 만들어 황제의 명령과 물자를 빠르게 전달할 수 있도록 했어요.

1 이 카드뉴스와 관련 있는 나라는 어디인가요?   (   )

① 송나라   ② 원나라   ③ 진나라   ④ 한나라

2 시황제가 통일한 진나라의 화폐는 무엇인가요?   (   )

①
△ 포전

②
△ 명도전

③
△ 반량전

④
△ 상평통보

3 다음과 같이 시황제가 자신의 무덤을 지키게 하기 위해 만든 것은 무엇인가요? (   )

① 반량전
② 아방궁
③ 만리장성
④ 병마용 갱

4 이 카드뉴스의 내용으로 맞으면 ○표, 틀리면 ×표 하세요.

(1) 시황제는 수도와 지방을 연결하는 도로를 만들었어요.   (   )

(2) 시황제는 고구려의 침입을 막으려고 만리장성을 쌓았어요.   (   )

(3) 시황제는 자신의 생각과 다른 내용을 담은 책을 모두 불태웠어요.   (   )

비단길은 '비단으로 만든 길'이라는 뜻일까요?

세계 문화 발자취

- **기원전 202년** 한나라, 중국 통일
- **기원전 139년** 장건, 서역으로 출발

- **589년** 수나라, 중국 통일
- **618년** 당나라 건국
- **960년** 송나라 건국
- **13~14세기경** 몽골 제국, 역참 제 실시

1 문단 어느 날 **한나라 무제**는 당시 큰 골칫거리였던 흉노를 함께 무찌를 동맹을 맺기 위해 **장건**에게 서역에 있는 나라에 다녀오라고 했어요. 황제의 명령을 받은 장건은 곧장 길을 떠났어요. 하지만 서역으로 가는 길은 만만하지 않았어요. ㉠흉노에게 **포로**로 붙잡혔다가 겨우 탈출하는 등 여러 어려움을 겪었지요. 장건은 주변 나라들을 돌아본 후 다시 한나라로 돌아왔어요. 한나라는 비록 서역의 나라와 동맹을 맺는 데 실패했지만, 무제 때부터 장건이 다녀온 길을 따라 서역과 **교역하기** 시작했어요.

2 문단 중국의 상인들은 이 길을 통해 수많은 물건을 서역에 가져가 팔았어요. 그중에는 누에고치에서 뽑은 실로 짠 가볍고 부드러운 천, 비단도 있었어요. 사람들은 중국의 비단을 알린 이 길을 '비단길(실크로드)'이라고 부르기 시작했지요. 비단길을 통해 중국의 도자기, 화약 무기, 종이 등과 서역의 유리, 옥, 후추, 깨 등 다양한 물건들이 오고 갔어요. 그런데 서로 주고받은 것은 물건뿐만이 아니었어요. 불교, 이슬람교 등의 종교도 비단길을 통해 중국으로 전해졌어요. 또한 비단길의 영향은 한반도에도 닿아 신라의 무덤에서 서역의 유리잔이 발견되기도 했답니다.

3 문단 비단길이 어떻게 이어졌는지 좀 더 자세히 살펴볼까요? 한나라 무제 때의 비단길은 중국 한나라의 수도 장안에서 시작해 중앙아시아의 여러 나라를 지나 지중해의 로마에 닿아요. 이는 수천 ㎞나 되는 엄청난 규모예요. 시간이 흘러, 중국과 중앙아시아 대부분을 정복한 몽골 제국은 이 거대한 길을 통한 교역이 더 활발해지길 원했어요. 그래서 일정한 거리마다 말을 갈아탈 수 있는 역참을 설치했어요. 역참이 설치되자 상인들은 더욱 편하고 안전하게 비단길을 이용할 수 있게 되었어요. 그 덕분에 동양과 서양의 교류도 더욱 활발해졌답니다.

📍 **신라 무덤에서 나온 유리잔**

- **포로** 산 채로 잡은 적을 말해요.
- **교역하다** 서로 다른 나라 사이에 물건을 사고파는 일이에요.

1

세부 내용

다음 밑줄 친 내용을 바르게 고쳐 쓰세요.

비단길은 중국과 서역을 잇는 무역로로 ___진나라 시황제___ 때 처음 열렸어요.

✎ _____

2

어휘 표현

밑줄 친 ㉠과 어울리는 사자성어로 알맞은 것은 무엇인가요?   (   )

① 고진감래: 고생 끝에 즐거움이 온다.

② 우여곡절: 온갖 사정이 복잡하고 어렵다.

③ 일거양득: 한 가지 일을 하여 두 가지 이득을 얻다.

3

세부 내용

이 글의 내용으로 알맞은 것은 무엇인가요?   (   )

① 비단길은 한나라에서 로마까지 이어졌어요.

② 비단길을 통해 유교가 중국으로 전해졌어요.

③ 비단길을 통해 중국의 후추가 서역에 전해졌어요.

4

내용 추론

몽골 제국이 비단길에 역참을 설치한 까닭은 무엇인가요?   (   )

① 장건이 강력하게 주장했기 때문에

② 말 타는 일을 아주 좋아했기 때문에

③ 상인들에게 고마운 마음을 보이고 싶었기 때문에

④ 비단길을 통한 교역이 더 활발해지기를 원했기 때문에

 오늘의 **한** 문장 정리

한나라 무제 때 _____ 의 모험을 계기로 열린 비단길을 통해 동양과 서양 사이에
활발한 교역이 이루어졌어요.

5일차

인터뷰

장건의 모험으로 새로운 길이 열리다

오늘의 인터뷰 ▶▶ ⓒ **을 연 한나라 무제와 장건을 만나다**

진행자 안녕하세요. 두 분. 먼저 한나라 무제 님께 질문드릴게요. 처음 비단길을 열던 때를 기억하시나요? 한 말씀 부탁드립니다.

한 무제 기억하고말고요. 당시 한나라와 서역 사이에는 엄청난 **장벽**이 있었어요. 바로 틈만 나면 쳐들어오던 흉노였죠.

진행자 아, 말만 들어도 무시무시하네요. 그 흉노를 어떻게 하셨나요?

한 무제 흉노를 물리치기 위해 서역의 '월지'라는 나라와 손잡고 흉노를 공격할 계획을 세웠죠. 월지도 흉노에게 당한 일이 많아 그들을 좋아하지 않았거든요.

진행자 그래도 흉노를 물리치는 일은 쉬운 일이 아니었을 것 같은데요?

한 무제 네, 맞아요. 그래서 월지로 가서 이야기를 잘 전할 인물이 필요했죠. 그때 **나서** 준 사람이 바로 장건이었어요. 고마운 사람이죠.

장건 하하, 부끄럽습니다.

진행자 그렇군요. 장건 님도 당시 일을 기억하고 계시나요?

장건 물론이죠. 설령 갈 수 있는 길이 없다고 하더라도 마지막까지 그 길을 가다가 죽겠다는 각오로 나섰죠.

진행자 정말 멋지십니다. 무제 님이 그러셨는데, 한때 흉노에게 붙잡혀 오랫동안 고생하셨다고요?

장건 네, 맞아요. 흉노에게서 벗어나는 데 10년이 넘게 걸렸죠. 그 후 겨우 월지에 갔는데, 월지는 한나라와 동맹을 맺을 생각이 없었어요. 동맹을 맺지 못한 것은 아쉬웠지만, 전 그곳에서 서역에 대한 여러 정보를 얻게 되었어요. 한나라로 돌아온 후 제가 보고 듣고 겪은 것들을 ⓒ 께 전해 저를 믿고 보내 주신 황제께서 새로운 교역로를 여는 데 도움을 드렸답니다.

진행자 그렇군요. 인터뷰에 응해 주셔서 감사합니다.

• **장벽** 둘 사이의 관계가 잘되어가지 못하게 가로막는 장애물을 말해요.
• **나서다** 어떤 일을 적극적으로 시작하는 것을 말해요.

1주

1 ㉠에 들어갈 알맞은 말은 무엇인가요?   (   )

① 골목길   ② 바닷길   ③ 비단길   ④ 초원길

2 다음 빈칸에 들어갈 알맞은 말을 이 인터뷰에서 찾아 쓰세요.

> 한나라 무제는 흉노를 물리치기 위해 ＿＿＿＿＿＿＿＿ (이)라는 나라와 손잡고
> 흉노를 공격할 계획을 세웠어요.

3 ㉡에 들어갈 알맞은 인물을 골라 ○표 하세요.

| 수나라 양제 | 한나라 무제 | 진나라 시황제 |

4 이 인터뷰의 내용으로 맞으면 ○표, 틀리면 ×표 하세요.

(1) 한나라 무제와 장건의 노력으로 비단길이 열렸어요.   (   )

(2) 장건은 흉노에게 붙잡혀 오랫동안 고생한 적이 있어요.   (   )

(3) 한나라 무제는 자신이 직접 다른 나라에 가서 동맹을 맺으려 했어요.   (   )

1 밑줄 친 말의 뜻을 알맞게 줄로 이으세요.

장건은 흉노에게 <u>포로</u>로 잡히기도 했어요.　　·

·　죽은 뒤

나일강은 매년 정해진 때에 <u>흘러넘쳤어요</u>.　　·

·　산 채로 잡은 적

〈사자의 서〉는 <u>사후</u> 세계에 대한 안내서예요.　　·

·　액체가 가득차서 밖으로 흐르다.

한나라와 서역 사이에는 흉노라는 <u>장벽</u>이 있었어요.　　·

·　서로 다른 나라 사이에 물건을 사고팔다.

장건이 다녀온 길을 따라 중국과 서역 사람들이 <u>교역하기</u> 시작했어요.　　·

·　갓 들어온 사람이 오래전부터 있던 사람을 내몰다.

인도 땅에 살던 사람들은 아리아 사람들을 보고 <u>굴러온 돌이 박힌 돌 뺀</u>다며 불평했어요.　　·

·　둘 사이의 관계가 잘되어가지 못하게 가로막는 장애물

1주

2 밑줄 친 말과 뜻이 비슷한 낱말을 〈보기〉에서 찾아 빈칸에 쓰세요.

〈보기〉

| 재다 | 기름지다 | 신성하다 | 여유롭다 | 풀어내다 |

(1) 수메르 사람들은 현재의 삶이 **풍족하기를** 바랐어요.　　　　　　　　_____
　　　　　　매우 넉넉하여 부족함이 없다.

(2) 프랑스 학자 샹폴리옹이 이집트 상형 문자를 **해독했어요.**　　　　_____
　　　　　　　　　　쉽게 알 수 없는 암호나 기호 등의 뜻을 알아내다.

(3) 메소포타미아는 '**비옥한** 초승달 모양의 땅'이라고 불렸어요.　　　_____
　　　　흙에 식물이 잘 자랄 수 있는 영양분이 많다.

(4) 이집트 상형 문자는 '**성스러운 기록**'이란 뜻의 이름으로 불리기도 해요.　_____
　　　　　　함부로 가까이할 수 없을 만큼 위대하다.

(5) 진나라 시황제는 나라마다 달랐던 단위를 **측정하는** 방법을 통일했어요.　_____
　　　　　　　　일정한 양을 기준으로 하여 같은 종류의 다른 양의 크기를 알아보다.

3 다음 (　　) 안에 들어갈 알맞은 말을 골라 ○표 하세요.

(1) 이집트 사람들은 사물의 모양을 (**본따** , **본떠**) 문자를 만들었어요.

(2) 장건이 (**개척한** , **계척한**) 길은 동양과 서양을 잇는 무역로가 되었어요.

(3) 상나라에서는 (**점괘** , **점괴**)를 거북의 배딱지나 동물의 **뼈** 위에 새겼어요.

(4) 아리아 사람들은 (**엄격한** , **엄겪한**) 신분제인 카스트 제도를 만들었어요.

(5) 상나라에서는 갑골에 낸 구멍을 불로 (**지저서** , **지져서**) 갈라지는 금을 보고 점을 쳤어요.

2 주

기원
(예수가 태어난 해)

기원전 2000년 · 기원전 1000년 | 기원후 1000년 · 기원후 2000년

* 예수가 태어난 해를 기준으로
  그 전을 '기원전', 그 후를 '기원후'라고 해요.
  '기원후'는 따로 표시하지 않아요.

1일

페르시아 문화

기원전 518년

다리우스 1세가 페르세폴리스
궁전을 지었어요.

2일

중국 당나라 문화

7~8세기경

당나라에 새로운 종교가 들어오고
페르시아 문화가 퍼졌어요.

618년
당나라가 세워졌어요.

연표를 따라가며 2주차에 만날 서아시아와
동아시아의 주요 문화와 사건을 살펴보세요.

3일

동아시아 문화권

7~8세기경

동아시아의 여러 나라가
율령을 받아들였어요.

4일

**중국 송나라의
과학 기술**

11~12세기경

송나라에서 항해에 나침반을
이용하기 시작했어요.

5일

**몽골 제국과
동서 무역**

13~14세기경

몽골 제국이 역참제를
실시했어요.

960년

송나라가 세워졌어요.

1206년

칭기즈 칸이 몽골 부족을
통일했어요.

1일차
글

자문분석 동영상강의

페르시아는 왜 다양한 문화가 섞여 있을까요?

세계 문화 발자취

○ **기원전 525년** 페르시아, 서아시아 통일

○ **기원전 518년** 다리우스 1세, 페르세폴리스 건설

○ **기원전 492년(~기원전 479)** 그리스 · 페르시아 전쟁

● **618년** 당나라 건국

1문단 페르시아 제국은 다양한 문화가 어우러진 독특한 문화를 발전시켰어요. 메소포타미아 지역의 바빌로니아와 아시리아, 그리스, 인도, 이집트 등 여러 지역의 문화를 받아들여 자신들의 것으로 만들었거든요. 페르시아 제국이 다양한 문화를 **융합하여** 만든 **독창적**인 문화유산으로는 페르세폴리스 궁전이 대표적이에요. 페르세폴리스 궁전에는 완만한 경사에 계단식으로 지은 바빌로니아 양식의 **웅장한** 성벽이 있어요. ㉠정문 앞에 세워진 사람의 얼굴을 한 날개 달린 황소 조각은 아시리아 문화, 성안에 줄지어 있는 커다란 돌기둥과 기둥 위의 연꽃무늬 장식은 이집트 문화의 영향을 받은 것이에요.

2문단 페르시아 제국은 금, 은, 유리 등을 이용한 화려하고 정교한 공예 기술을 발전시켰어요. 페르시아의 공예 기술은 비단길을 통해 유럽과 아시아에 전해졌고, 중국을 거쳐 한반도에도 퍼졌어요. 신라의 무덤에서 발견된 유리잔과 유리병이 페르시아 제국의 것과 비슷한 모양이라는 사실이 이를 뒷받침해 주지요.

3문단 페르시아 사람들은 조로아스터교라는 종교를 믿었어요. **조로아스터**라는 사람이 만든 이 종교는 날개 달린 빛의 신 아후라 마즈다를 **섬겼어요.**

'세상은 착함과 빛을 상징하는 신과 나쁨과 어둠을 상징하는 신의 대결이 벌어지는 곳이야.'

이렇게 생각한 페르시아 사람들은 착한 신을 믿었기 때문에 착한 신의 상징인 불을 소중하게 여겼지요. 조로아스터교는 여러 신을 섬기던 서아시아 전체로 빠르게 퍼져 나갔고 훗날 크리스트교, 이슬람교 등에 큰 영향을 주었답니다.

🔺 불을 모시는 제단이 표현된 페르시아의 화폐

📍 페르세폴리스 유적

🔺 **페르세폴리스 궁전의 정문(만국의 문)**

다리우스 1세가 페르시아 제국의 수도로 삼은 도시인 페르세폴리스에 위치한 유적이에요. 오늘날 유네스코 세계유산으로 등재되어 있어요.

- **융합하다** 다른 종류의 것이 서로 구별 없이 하나로 합쳐진다는 말이에요.
- **독창적** 다른 것을 그대로 따라 하지 않고 새롭고 독특하게 만들어 낸 것을 말해요.
- **웅장하다** 크기나 분위기 등이 무척 크고 무게가 있음을 말해요.
- **섬기다** 신이나 윗사람을 따르고 받드는 것을 말해요.

오늘의날짜   월   일

1

세부 내용

페르시아 제국이 만든 독창적인 문화유산은 무엇인가요?   (   )

① 만리장성   ② 피라미드   ③ 페르세폴리스 궁전

2

세부 내용

밑줄 친 ㉠과 관련 있는 문화는 무엇인가요?   (   )

① 그리스 문화   ② 이집트 문화

③ 아시리아 문화   ④ 바빌로니아 문화

3

내용 추론

페르시아 사람들이 불을 소중히 여긴 까닭은 무엇인가요?   (   )

① 불이 부자를 상징한다고 여겼기 때문에

② 불이 착한 신을 상징한다고 여겼기 때문에

③ 불을 제대로 관리하지 못하면 벌금을 내야 했기 때문에

4

내용 요약

이 글의 내용을 요약했어요. 빈칸에 들어갈 알맞은 말을 찾아 쓰세요.

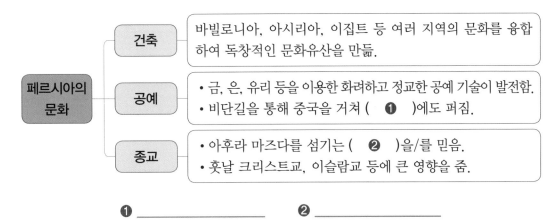

페르시아의 문화	건축	바빌로니아, 아시리아, 이집트 등 여러 지역의 문화를 융합하여 독창적인 문화유산을 만듦.
	공예	• 금, 은, 유리 등을 이용한 화려하고 정교한 공예 기술이 발전함. • 비단길을 통해 중국을 거쳐 (❶)에도 퍼짐.
	종교	• 아후라 마즈다를 섬기는 (❷)을/를 믿음. • 훗날 크리스트교, 이슬람교 등에 큰 영향을 줌.

❶ _____   ❷ _____

 오늘의 **한** 문장 정리

_____은 그리스, 인도, 이집트 등 여러 지역의 문화를 받아들여 독특한 문화를 발전시켰어요.

1일차
온라인
박물관

★ ★ ★ ★ ★ ★
페르시아 문화가 전해진 길을 따라서

에듀윌박물관 × +

https://eduwillmuseum.com/Persia

EDUWILL MUSEUM

에듀윌박물관

박물관 소개 　전시 안내 　소장품 안내 　교육 안내 　자료실 　공지 사항

신라까지 전해진 ㉠ 문화 ●●▶진행 중 ★특별 전시

⌂ > 전시 안내 > 온라인 전시

1 여러 색으로 장식된 페르시아의 유리구슬

3 페르시아 양식의 작은 유리병과 유리잔

비잔티움 제국

로마

콘스탄티노폴리스 　흑해

아테네

지중해

카스피해

페르시아

삼국 시대

장안

동해

금성 (경주)

2 페르시아 양식의 유리병

페르세폴리스

아라비아 반도

아라비아해

쿠샨 왕조

히말라야 산맥

벵골만

4 페르시아의 영향을 받은 신라의 문화유산

" 신라에서 페르시아 문화의 흔적이 발견되었다는 걸 알고 있나요? "

　페르시아 제국이 자리잡았던 오늘날 서아시아의 이란 지역은 동서 무역의 중심지였어요. 그래서 이곳에 세워진 나라들은 동서 무역을 독차지해 경제적인 발전을 누렸을 뿐만 아니라 동서 문화 교류를 주도하는 역할도 했어요.

　특히 페르시아의 공예 기술은 비단길(실크로드)을 통해 중국을 거쳐 한반도와 일본에까지 전해졌어요. 신라의 무덤에서 발견된 유리병의 모양이 페르시아의 것과 매우 닮은 점을 봐도 당시 페르시아 문화가 널리 전해졌음을 알 수 있어요.

기본 정보

기간　20○○년 ○○월 ○○일~20○○년 ○○월 ○○일　　장소　에듀윌박물관 1층 특별 전시실

전시품　페르시아 문화 관련 유물 100여 점　　　　　　운영 시간　10:00~18:00

1 ㉠에 들어갈 알맞은 말은 무엇인가요?   (   )

① 로마   ② 그리스   ③ 이집트   ④ 페르시아

2 다음 빈칸에 들어갈 알맞은 나라를 이 전시에서 찾아 쓰세요.

> 페르시아 제국이 자리잡았던 오늘날 서아시아의 ＿＿＿＿＿＿＿ 지역은 동서
> 무역의 중심지였어요.

3 페르시아의 공예 기술이 한반도까지 전해질 때 이용되었던 길은 무엇인가요? (   )

① 골목길   ② 바닷길   ③ 비단길   ④ 초원길

4 다음 밑줄 친 내용을 바르게 고쳐 쓰세요.

> ~~고구려~~ 의 무덤에서 페르시아의 것과 매우 닮은 유리병이 발견되었어요.

🖉 ＿＿＿＿＿＿＿＿＿＿＿＿＿＿＿＿＿＿＿＿＿＿＿＿＿＿＿＿

2일차
글

당나라에는 왜 국제적인 문화가 발전했을까요?

세계 문화 발자취

● **4세기경** 한반도의 고구려와 백제, 불교 수용

● **589년** 수나라, 중국 통일

● **618년** 당나라 건국

● **7~8세기경** 당나라에 새로운 종교와 페르시아 문화 전파

당삼채

1문단 한나라가 멸망한 이후 수나라가 중국을 통일했어요. 그리고 수나라의 뒤를 이어 당나라가 다시금 하나의 중국을 만들게 되었지요. 당나라는 어떤 문화를 꽃피웠을까요? 당나라는 귀족을 중심으로 화려한 문화가 발전했어요. 경제적으로 여유가 없었던 일반 백성들과 달리 귀족들은 다양한 문화를 즐기며 발전시켰어요. 이 시기에는 천재 시인이라 불렸던 **이백**과 **두보**가 활약했고, 그림에 뛰어났던 **왕유**와 글씨를 빼어나게 잘 썼던 **구양순**이 **이름을 날렸어요.** 다만 이처럼 귀족 중심적인 문화 속에서 백성의 마음을 드러내는 작품이 돋보이기도 했답니다. 먹을 것이 없어 자식을 잃은 두보는 **양귀비**와 권력자들이 나랏돈을 펑펑 쓰는 모습을 보고 이런 시를 남겼어요.

'힘과 돈이 있는 자들은 술과 고기로 배를 채우고, 백성이 사는 거리에는 굶어 죽은 사람들만 가득하구나.'

2문단 한편 당나라는 이전보다 주변 나라들과 활발하게 교류했어요. 당나라의 상인들은 비단길은 물론 바닷길을 통해서도 물건을 실어 날랐거든요. 게다가 당나라는 외국 사람들에게 너그럽게 대했어요. 개방적인 분위기는 많은 물건뿐만 아니라 다양한 사람들도 모이게 만들었어요. 그래서 당나라의 수도인 장안에는 여러 나라의 사신과 유학생들이 모여들었어요. 이들을 통해 당나라에 ㉠이슬람교, 크리스트교 등의 새로운 ㉡종교가 소개되기도 했지요. 장안에는 다양한 종교 사원들이 세워졌고, **다채로운** 문화가 유행했어요. 페르시아의 문화가 인기를 끌고, 화려한 색과 무늬를 가진 도자기인 당삼채가 큰 인기를 얻었어요. 이처럼 당나라는 새로운 무역로와 개방적인 분위기로 국제적인 문화를 발전시켰답니다.

⚲ 당나라 때 서양으로 전해진 중국의 종이
한나라 때 채륜이 개량한 종이 만드는 기술은 당시 중국만 알고 있던 기술이었는데, 당나라가 이슬람 왕조와 전투를 벌이면서 아라비아와 유럽에 알려졌어요.

• **이름을 날리다** 유명해지거나 많은 사람들에게 존경을 받게 되는 것을 말해요.
• **양귀비** 당나라 현종의 후궁으로, 현종이 양귀비에게 빠져 나라가 어려워졌어요.
• **다채롭다** 여러 가지 색, 종류, 모양 등이 어울려 다양하고 화려한 것을 말해요.

오늘의날짜   월   일

1

세부 내용

이 글의 내용으로 알맞지 <u>않은</u> 것은 무엇인가요?   (   )

① 당나라는 외국 사람들에게 너그럽게 대했어요.

② 당나라는 비단길을 통해서만 다른 나라와 교류했어요.

③ 당나라의 수도인 장안에는 다양한 종교 사원들이 세워졌어요.

2주

2

어휘 표현

밑줄 친 ㉠과 ㉡의 어휘 관계와 비슷하게 짝 지어진 것은 무엇인가요?   (   )

① 시인 – 직업   ② 흉노 – 만리장성

③ 진나라 – 한나라   ④ 양귀비 – 구양순

3

세부 내용

다음에서 설명하는 '이것'은 무엇인가요?   (   )

• '이것'은 당나라 때 유행한 도자기예요.
• '이것'은 화려한 색과 무늬를 가졌어요.

① 비단   ② 나침반   ③ 당삼채   ④ 마노 잔

4

내용 요약

이 글의 내용을 요약했어요. 빈칸에 들어갈 알맞은 말을 찾아 쓰세요.

1 문단	당나라의 문화는 (❶)을/를 중심으로 발전했어요.
2 문단	당나라는 주변 나라들과 활발하게 교류하며 (❷)인 문화를 발전시켰어요.

❶ _____   ❷ _____

😊 오늘의 **한** 문장 정리

_____ 문화는 귀족적인 동시에 새로운 무역로와 개방적인 분위기로 국제적인

성격을 가졌어요.

2일차
온라인 전시회

QR코드를 찍어
당나라 문화에 대해
알아보아요.

세계 문화와 어우러진 당나라 문화

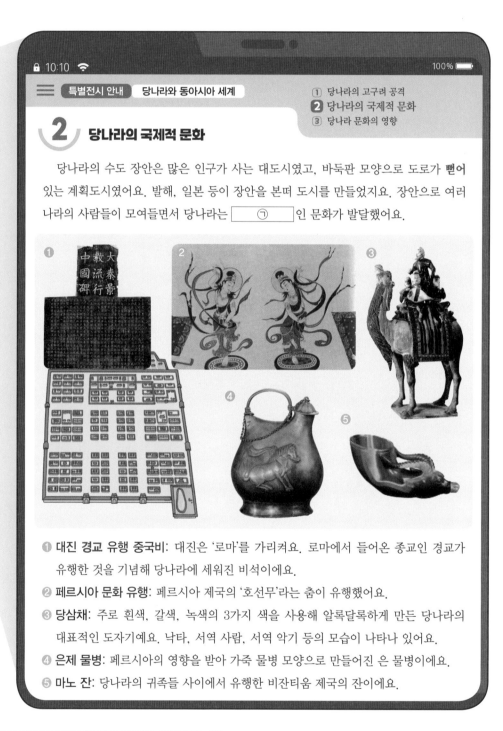

🔒 10:10 📶   100% 🔋

☰ **특별전시 안내** | **당나라와 동아시아 세계**

① 당나라의 고구려 공격
② **당나라의 국제적 문화**
③ 당나라 문화의 영향

2 당나라의 국제적 문화

당나라의 수도 장안은 많은 인구가 사는 대도시였고, 바둑판 모양으로 도로가 **뻗어** 있는 계획도시였어요. 발해, 일본 등이 장안을 본떠 도시를 만들었지요. 장안으로 여러 나라의 사람들이 모여들면서 당나라는 [⑦]인 문화가 발달했어요.

❶ 大秦景教流行中國碑

❶ 대진 **경교** 유행 중국비: 대진은 '로마'를 가리켜요. 로마에서 들어온 종교인 경교가 유행한 것을 기념해 당나라에 세워진 비석이에요.

❷ 페르시아 문화 유행: 페르시아 제국의 '호선무'라는 춤이 유행했어요.

❸ 당삼채: 주로 흰색, 갈색, 녹색의 3가지 색을 사용해 알록달록하게 만든 당나라의 대표적인 도자기예요. 낙타, 서역 사람, 서역 악기 등의 모습이 나타나 있어요.

❹ 은제 물병: 페르시아의 영향을 받아 가죽 물병 모양으로 만들어진 은 물병이에요.

❺ 마노 잔: 당나라의 귀족들 사이에서 유행한 비잔티움 제국의 잔이에요.

- 뻗다 길이나 강, 산맥 등이 어떤 방향으로 길게 이어져 가는 것을 말해요.
- 경교 페르시아 사람에 의해 중국에 전해진 종교예요.

1 당나라의 수도를 골라 ○표 하세요.

| 장안 | 광저우 | 베이징 | 상하이 |

2 ㉠에 들어갈 알맞은 말은 무엇인가요?   (   )

① 국제적   ② 서민적   ③ 전통적   ④ 철학적

3 다음 중 당나라의 문화유산이 <u>아닌</u> 것은 무엇인가요?   (   )

①
🔺 당삼채

②
🔺 병마용

③
🔺 은제 물병

④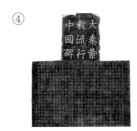
🔺 대진 경교 유행 중국비

4 이 전시의 내용으로 맞으면 ○표, 틀리면 ×표 하세요.

(1) 장안은 발해에 있었던 도시를 본떠 만든 도시예요.   (   )

(2) 당나라에서는 페르시아 제국의 호선무가 유행했어요.   (   )

(3) 당삼채에는 낙타, 서역 사람 등의 모습이 나타나 있어요.   (   )

3일차 글

★ ★ ★ ★ ★
동아시아 나라들은 왜 비슷한 문화를 가지고 있을까요?

지문분석 동영상강의

세계 문화 발자취

- **4세기경** 한반도의 고구려와 백제, 불교 수용
- **618년** 당나라 건국
- **960년** 송나라 건국
- **11~12세기경** 송나라, 항해에 나침반 이용 시작

1 문단 거대한 제국으로 발전한 당나라는 멀리 있는 서역뿐만 아니라 주변 국가와도 활발하게 교류하였고, 이에 따라 중국의 제도와 문화는 크게 발전했어요. 당나라와 지리적으로 가까운 한반도, 일본, 베트남 등은 당나라에 사신과 유학생을 보냈고, 그 과정에서 당나라 문화가 **전파되어** 한자, **율령**, **유교**, 불교 등을 **공유하는** 동아시아 문화권이 **형성되었지요**. 즉, 동아시아의 여러 나라는 서로 교류하며 영향을 주고받아 하나의 문화 울타리인 '동아시아 문화권'을 이루게 되었답니다.

2 문단 특히 한자는 동아시아 사람들이 생각과 문화를 교류하는 데 중요한 역할을 했어요. 한반도와 일본, 베트남 등이 한자를 사용하였고, 이 나라들에서 새로운 문자가 만들어지는 데에도 한자가 영향을 주었지요. 여러 나라를 거치며 다듬어졌던 율령은 당나라 때 완성되었고, 이후 동아시아 여러 나라에서 나라의 제도를 정비하고 기틀을 다지는 데 크게 도움을 주었어요. 한편 고구려, 백제, 신라, 일본은 유교를 받아들여 나라를 다스리는 기본 생각으로 삼았고, 학자들은 유교 경전을 공부했어요. 중국을 거쳐 한반도와 일본 등에 전해진 불교 역시 나라의 보호와 지원 속에서 크게 성장했답니다.

3 문단 동아시아 문화권에 속한 나라들은 한자, 율령, 유교, 불교 등 공통된 문화를 공유하면서도 각 나라의 상황에 맞게 독자적인 문화를 발전시켜 나갔어요. 오늘날 우리나라와 중국, 일본에서 사용하는 한자가 각기 다른 모양인 것처럼 말이지요. 공통된 문화를 바탕으로 각 나라의 개성이 담긴 문화가 더해져 독특한 문화가 나타나게 되었고, 이는 오늘날까지도 전해져 오고 있어요.

동아시아 불교의 발전

🔺 중국 룽먼 석굴의 불상

🔺 일본 도다이사의 불상

동아시아 여러 나라에서는 사찰과 석굴 사원이 많이 만들어졌고, 다양한 모습의 불상도 만들어졌어요.

- **전파하다** 어떤 것을 전해 널리 퍼지게 하는 것을 말해요.
- **율령** 법과 제도를 말해요.
- **유교** 공자에게서 비롯된 중국의 대표 사상으로, 도덕적 덕목을 중요하게 여겼어요.
- **공유하다** 어떤 것을 함께 가지고 있는 것을 말해요.
- **형성하다** 어떤 모습이나 모양을 갖추는 것을 말해요.

1

중심 내용

한반도, 중국, 일본 등을 중심으로 형성된 문화권을 이 글에서 찾아 쓰세요.

✏️ _____

2

세부 내용

동아시아의 여러 나라가 공유하는 문화가 <u>아닌</u> 것은 무엇인가요?   (   )

① 불교   ② 유교   ③ 율령   ④ 이슬람교

3

세부 내용

이 글에 대한 설명으로 알맞지 <u>않은</u> 것은 무엇인가요?   (   )

① 율령은 당나라 때 완성되었어요.

② 당나라 문화가 한반도, 일본 등에 전파되었어요.

③ 한반도와 일본에 전해진 불교는 나라의 보호 속에서 크게 성장했어요.

④ 한글은 동아시아 사람들이 문화를 교류하는 데 중요한 역할을 했어요.

4

내용 추론

다음 내용을 읽고 보인 반응으로 알맞은 것은 무엇인가요?   (   )

> 우리나라는 대체적으로 전통적인 한자의 형태를 그대로 쓰는 반면, 중국은 한자를 간단하게 나타낸 문자를 쓰고 일본은 한자를 독특하게 바꾼 문자를 써요.

① 연주: 중국보다 일본의 문화가 더 발전했어.

② 현아: 일본보다 우리나라의 한자가 더 우수한 문자야.

③ 세현: 우리나라, 중국, 일본은 각 나라의 상황에 맞게 한자를 발전시켰어.

 오늘의 한 문장 정리

동아시아의 나라들은 문화를 교류하며 서로 영향을 주고받아 한자, 율령, 유교, 불교 등을 공유하는 _____ 문화권을 형성했어요.

3일차
백과사전

지문분석 동영상강의

문화 울타리를 이룬 동아시아

🏠 에듀윌백과사전　　×　＋

https://encyeduwill.com/East_Asia_Kulturkreise

ⓔ 에듀윌백과사전　　동아시아 문화권　🔍

동아시아 문화권이 만들어지다

❯ 한자

🔺 한자를 함께 표기한 한국, 일본, 중국의 안내판

　　한국, 중국, 일본 등 동아시아 3국에서는 한자로 표기한 안내판을 쉽게 찾아볼 수 있어요. 또 한자를 알면 동아시아 나라의 사람들과 간단한 의사소통을 할 수 있어요.

❯ 유교

🔺 중국의 공묘 대성전(왼쪽)과 한국의 문묘 대성전(오른쪽)

　　동아시아에 중국에서 시작된 유교가 널리 퍼지면서 한반도, 일본, 베트남 등에 유교를 대표하는 인물인 공자에게 제사를 지내는 **사당**이 세워졌어요. 이곳을 '문묘'라고도 해요.

❯ 불교

🔺 중국 룽먼 석굴의 불상(왼쪽), 신라의 경주 석굴암 본존불
(가운데), 일본 도다이사의 불상(오른쪽)

　　동아시아는 인도에서 발생한 불교를 받아들여 발전시켰어요. 또한 인도 불상의 영향으로 중국, 한반도, 일본 등에서 다양한 모습을 띤 불상이 만들어졌어요.

❯ 율령

왕
정당성　선조성　중대성
좌사정　　우사정
충부　인부　의부　지부　예부　신부

천황
태정관　신기관
좌변관　　우변관
중무성　식부성　치부성　민부성　병부성　형부성　대장성　궁내성

🔺 발해의 중앙 정치 조직(왼쪽)과
일본의 중앙 정치 조직(오른쪽)

　　발해와 일본은 중국 당나라의 제도를 바탕으로 나라의 조직을 정비했어요. 그러나 이름과 운영 방법은 각 나라의 상황에 맞게 독자적으로 운영했어요.

• 사당 조상의 이름을 적은 나무패를 모셔 두는 집을 말해요.

1 동아시아 문화권의 요소가 <u>아닌</u> 것을 골라 ○표 하세요.

| 불교 | 유교 | 한글 | 한자 |

2 이 백과사전의 내용으로 맞으면 ○표, 틀리면 ×표 하세요.

(1) 불교는 인도에서 발생했어요.   (   )

(2) 동아시아에 유교가 널리 퍼졌어요.   (   )

(3) 문묘는 석가모니에게 제사를 지내는 사당이에요.   (   )

3 다음 문화유산과 관련 있는 종교는 무엇인가요?   (   )

① 불교
② 힌두교
③ 이슬람교
④ 크리스트교

4 다음 빈칸에 들어갈 알맞은 나라를 이 백과사전에서 찾아 쓰세요.

발해와 일본은 중국 _____ 의 제도를 바탕으로 나라의 조직을 정비
했으나 이름과 운영 방법은 각 나라의 상황에 맞게 독자적으로 운영했어요.

4일차 글

나침반은 언제부터 항해에 이용되었나요?

세계 문화 발자취

- **960년** 송나라 건국
- **11~12세기경** 송나라, 항해에 나침반 이용 시작

- **1206년** 칭기즈 칸, 몽골 부족 통일

- **13~14세기경** 몽골 제국, 역참 제 실시

1 문단 ⊙화약, ⓒ나침반, ⓒ활판 인쇄술은 세계의 문화 발전에 커다란 영향을 미친 중국의 3대 발명품이에요. 이 3가지는 중국 송나라 때 크게 발전했어졌어요. 송나라 때 개발된 화약 무기는 이후 중국을 넘어 이슬람 세계를 거쳐 유럽에 전해졌어요. 화약 무기가 들어온 후 유럽에서는 큰 변화가 일어났어요.

"칼만 사용해서 전쟁을 하던 시대는 끝났어. 이제 화약 무기를 사용할 줄 아는 병사들이 훨씬 중요해!"

화약 무기 앞에 힘을 잃은 **기사**에게 돈을 주면서 전쟁을 맡길 사람은 더 이상 없었고, 이로 인해 중세 유럽의 기사 계급과 **봉건 사회**는 점점 무너져 갔어요.

2 문단 한편 송나라 때부터 나침반을 항해에 이용하기 시작했어요. 배에 물건을 가득 싣고 바닷길을 안전하게 건너려면 방향을 잃지 않을 방법이 필요했지요. 그래서 실 끝에 바늘을 매달거나 얇은 자석 조각을 물에 띄워 방향을 확인할 수 있는 나침반이 만들어졌어요. 나침반은 송나라의 무역이 크게 발전하는 데 도움을 주었고, 나아가 이슬람 상인에 의해 유럽에 전해져 이후 유럽 여러 나라가 아시아로 가는 새로운 바닷길을 찾을 때 활용되었답니다.

3 문단 송나라에서는 활자를 이용한 활판 인쇄술이 발명되었어요. 송나라는 학문을 중요시하는 나라였는데, 경제가 발전하자 책을 필요로 하는 사람들이 이전보다 더 많아졌어요. 하지만 기술의 부족으로 책을 만들어 내는 데 한계가 있었는데, 활판 인쇄술은 바로 이러한 문제를 한 번에 해결해 주었어요. 문자를 볼록 튀어나오게 새긴 활자를 만들고, 그 활자를 하나하나 판에 짜 맞춰 인쇄하니 많은 양의 책을 빠르게 만들 수 있게 된 것이에요. 활판 인쇄술의 발명으로 학문 연구에 필요한 다양한 분야의 책들이 많이 만들어졌고, 이는 지식을 널리 퍼뜨리는 데 크게 **기여했답니다.**

◉ 송나라의 활자판(복원 모형)

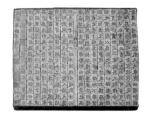

점토 활자를 하나하나 판 위에 배열하여 인쇄할 수 있어 책을 만드는 데 필요한 돈과 시간을 절약할 수 있었어요.

- **기사** 중세 유럽에서 활동하던 높은 집안 출신의 무사를 말해요.
- **봉건 사회** 서양의 중세 시대에 영주가 자신의 땅을 사람들에게 주고, 그 땅에서 생산된 농산물을 거두어들이는 구조를 바탕으로 한 사회를 말해요.
- **기여하다** 어떤 것에 도움이 되는 것을 말해요.

오늘의날짜   **월**   **일**

1

세부 내용

다음 빈칸에 들어갈 알맞은 말을 이 글에서 찾아 쓰세요.

> 화약, 나침반, 활판 인쇄술은 중국의 3대 _____ 이에요.

2주

2

세부 내용

이 글에서 다루지 <u>않은</u> 내용은 무엇인가요?   (   )

① 송나라에서 나침반을 항해에 이용한 까닭

② 송나라의 활판 인쇄술로 책을 만드는 방법

③ 송나라에서 개발한 화약 무기가 미친 영향

④ 송나라에서 학문을 중요하게 생각했던 까닭

3

내용 추론

밑줄 친 ㉠～㉢의 공통점으로 알맞지 <u>않은</u> 것은 무엇인가요?   (   )

① 송나라 때 크게 발전했어요.

② 유럽에는 전해지지 못했어요.

③ 세계의 문화 발전에 큰 영향을 미쳤어요.

4

내용 요약

각 문단의 내용을 찾아 알맞게 기호를 쓰세요.

> ㈎ 송나라 때부터 나침반을 항해에 이용하기 시작했어요.
>
> ㈏ 화약 무기는 중세 유럽의 봉건 사회가 무너지는 데 영향을 주었어요.
>
> ㈐ 활판 인쇄술의 발명으로 많은 양의 책을 빠르게 만들 수 있게 되었어요.

1 문단 (   ) ➡ 2 문단 (   ) ➡ 3 문단 (   )

😀 오늘의 **한** 문장 정리

중국 송나라 때 화약 무기가 개발되어 이후 유럽으로 전해졌고, _____ 이 항해에 이용되었으며, 활판 인쇄술이 발명되었어요.

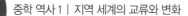

4일차
방송토론

유럽을 바꾼 송나라의 과학 기술

안녕하세요. 오늘 이 시간에는 유럽에 큰 영향을 미친 송나라의 과학 기술에 대해 이야기해 보겠습니다. 한 분씩 이야기해 주시기 바랍니다.

화약 무기는 유럽 사회가 변하는 데 큰 영향을 미쳤어요. 원나라 때 이슬람 세계를 거쳐 유럽에 전해진 화약 무기는 중세 유럽의 지배 계급인 기사의 **몰락**을 가져왔어요. 이로 인해 중세 유럽의 봉건 사회도 **해체되었죠.** 화약 무기 앞에 기사들의 힘이 약해지자 자연스럽게 나타난 현상이었어요.

나침반도 큰 영향을 미쳤어요. 이슬람 상인을 통해 유럽으로 전해진 나침반은 에스파냐, 포르투갈이 아시아로 가는 새로운 바닷길을 찾는 데 큰 도움을 주었어요.

송나라 때 활판 인쇄술이 발명되었다는 건 다들 아실 거예요. 활판 인쇄술은 활자를 먼저 만든 후 그것들을 판에 짜 맞춰 인쇄를 하는 방법이에요. 이 기술은 유럽에 전해져 **부패한** 교회를 비판하며 전개된 종교 개혁이 널리 퍼지는 데 큰 영향을 미쳤어요.

세 분의 말씀 잘 들었습니다. 듣고 보니 모두 세계의 문화 발전에 큰 영향을 미쳤다는 생각이 드는군요. 오늘 토론은 이것으로 마치겠습니다. 감사합니다.

- **몰락** 재산을 잃거나 권력이 약해져서 보잘것없어지는 것을 말해요.
- **해체되다** 체제나 조직 등이 무너지는 것을 말해요.
- **부패하다** 정치, 사상, 생각 등이 정의롭지 못한 쪽으로 빠져드는 것을 말해요.

1 유럽에 전해져 기사의 몰락을 가져온 송나라의 물건은 무엇인가요?   (   )

① 종이   ② 나침반   ③ 화약 무기   ④ 활판 인쇄술

2 나침반이 유럽에 끼친 영향에 대해 가장 알맞게 이해한 어린이는 누구인가요? (   )

① 아시아로 가는 새로운 바닷길을 찾는 데 도움을 주었어.

② 유럽의 종교 개혁이 널리 퍼지는 데 영향을 미쳤어.

③ 중세 유럽의 봉건 사회가 해체되는 데 영향을 미쳤어.

3 이 토론의 내용으로 맞으면 ○표, 틀리면 ×표 하세요.

(1) 활판 인쇄술은 활자를 판에 짜 맞춰 인쇄하는 방법이에요.   (   )

(2) 송나라의 과학 기술은 유럽에 거의 영향을 주지 못했어요.   (   )

(3) 에스파냐와 포르투갈은 아시아로 가는 새로운 바닷길을 찾으려고 했어요.   (   )

4 다음 빈칸에 들어갈 알맞은 말을 이 토론에서 찾아 쓰세요.

> 송나라의 활판 _____ 은/는 유럽에 전해져 종교 개혁이 널리 퍼지는 데 큰 영향을 미쳤어요.

5일차
글

몽골 제국은 왜 길 중간중간에 먹고 자는 곳을 마련했을까요?

세계 문화 발자취

● **1206년** 칭기즈 칸, 몽골 부족 통일

● **13~14세기경** 몽골 제국, 역참 제 실시

● **1260년** 쿠빌라이 칸, 몽골 제국 황제 즉위

● **1271년** 원나라 건국

1 문단 송나라가 힘을 잃어갈 때, 중국에서는 몽골 부족이 유럽 일부 지역까지 땅을 넓히고 거대한 제국을 세웠어요. 다스려야 할 땅이 점점 넓어지자 몽골 제국에게는 고민거리가 생겼어요. 바로 '이 넓은 땅을 어떻게 다스리면 좋을까?'라는 것이었죠. 몽골 제국의 황제와 관리들은 고민 끝에 의견을 모았어요.

　"도로를 통해 사람과 물건이 오고 가니, 먼저 도로를 잘 정비한 후 중요한 지역에는 역참을 설치하도록 합시다!"

　　　⊙　　　 수도를 중심으로 전국을 연결하는 도로망이 건설되었어요. 그리고 도로 중간중간에는 사람들에게 잘 곳과 말을 제공하는 '역참'이라는 시설을 설치했어요. 이렇게 정비된 도로와 역참 덕분에 유럽과 이슬람 세계의 많은 사람들이 몽골 제국을 방문하게 되었고, 동서 교류는 더욱 **활기**를 띠었어요.

2 문단 몽골 제국과 유럽, 이슬람 세계는 육지와 바다를 통해 자기, 비단, 금, 은 등 다양한 상품을 주고받았어요. 송나라의 화약 무기, 나침반, 활판 인쇄술도 이때 이슬람 세계를 거쳐 유럽에 전해졌어요. 또한 **천문학**, 수학 등 이슬람 세계의 학문이 중국으로 들어오면서 학문의 발전에 큰 영향을 미쳤어요.

3 문단 몽골 제국이 동서 교류를 중요하게 생각했음을 보여 주는 인물은 바로 **쿠빌라이 칸**이에요.

　'나라가 오래 유지되려면 정복한 지역의 주민들을 잘 달래서 몽골 부족과 어우러지게 해야 해. 그들의 재능을 활용하면 더욱 발전된 문화를 만들 수 있어.'

　이런 쿠빌라이 칸의 생각은 이탈리아의 여행가인 **마르코 폴로**를 대할 때 분명하게 드러났어요. 마르코 폴로를 만난 쿠빌라이 칸은 그를 원나라의 관리로 임명하고 다양한 지역을 돌아볼 수 있게 지원해 주었어요. 마르코 폴로의 여행 이야기를 담은 책인 《동방견문록》에는 몽골 제국의 동서 교류 모습이 잘 드러나 있답니다.

♀ 《동방견문록》

《동방견문록》은 동방 세계에 대한 유럽 사람들의 호기심을 불러일으켰어요.

・**활기** 활발한 기운을 말해요.
・**천문학** 우주의 구조와 천체 등과 관련된 모든 것을 연구하는 학문이에요.

1 다음 빈칸에 들어갈 알맞은 말을 이 글에서 찾아 쓰세요.

세부 내용

> 몽골 제국이 도로를 정비하고 도로 중간중간에 _____ 을/를 설치한
> 덕분에 동서 교류가 더욱 활기를 띠었어요.

2 ㉠에 들어갈 알맞은 말은 무엇인가요?   (   )

어휘 표현

① 그러나   ② 반대로   ③ 그리하여   ④ 예를 들어

3 쿠빌라이 칸에 대해 잘못 이해한 어린이는 누구인가요?   (   )

내용 추론

① 세연: 쿠빌라이 칸은 동서 교류를 중요하게 생각했어.

② 찬호: 쿠빌라이 칸은 정복한 지역의 주민들을 무조건 탄압했어.

③ 미지: 쿠빌라이 칸은 다른 민족이 가진 재능을 활용하려고 했어.

4 이 글의 내용으로 알맞은 것은 무엇인가요?   (   )

세부 내용

① 역참에서는 사람들이 잠을 잘 수 있었어요.

② 마르코 폴로는 이탈리아에서 관리로 일했어요.

③ 몽골 제국은 유럽, 이슬람 세계와 전혀 교류하지 않았어요.

④ 《동방견문록》에는 마르코 폴로가 본 이탈리아의 모습이 담겨 있어요.

 오늘의 한 문장 정리

_____은 도로를 잘 정돈했고, 쿠빌라이 칸이 다른 민족을 잘 대해 주어 동서
교류가 더 활발해졌어요.

5일차 카드뉴스

한눈에 보는 몽골 제국의 문화

01 거대한 나라를 세운 몽골 제국

몽골 제국은 적은 인구로 오늘날 중국의 약 3배에 해당하는 거대한 땅을 다스렸어요.

02 금실과 은실의 사용

비단에 금실과 은실로 새나 꽃을 **수놓**는 서역의 기술을 받아들였어요.

03 청화 백자 제작

이슬람에서 들여온 푸른색 **안료**를 사용하여 백자에 그림을 그린 후 구워 낸 청화 백자를 만들었어요.

04 다양한 종교 허용

▲ 바티칸 교황청의 벽화에 그려져 있는 몽골 사람

외국 문화를 받아들이는 데 거리낌이 없었기 때문에 크리스트교를 비롯한 다양한 종교를 허용했어요.

05 이슬람의 과학 수용

이슬람 과학을 참고하여 천문대를 만들어 하늘의 별과 달, 해의 움직임을 살펴봤어요.

06 서민 문화 발달

도시의 서민들은 음악과 춤, 연기, 대사가 한데 어우러진 일종의 연극을 즐겼어요.

- **수놓다** 바늘에 색실을 꿰어 천에 무늬나 그림, 글자를 떠서 놓는 것을 말해요.
- **안료** 색깔이 있고 물에 녹지 않는 고운 가루를 말해요.

오늘의 날짜   월   일

1 다음 빈칸에 들어갈 알맞은 나라는 어디인가요?   (   )

> 몽골 사람들은 비단에 금실과 은실로 새나 꽃을 수놓는 _____의 기술을 받아들였어요.

① 미국   ② 서역   ③ 일본   ④ 브라질

2 다음 설명에 해당하는 몽골 제국의 문화유산은 무엇인가요?   (   )

> 몽골 사람들은 이슬람에서 들여온 푸른색 안료를 사용하여 백자에 그림을 그린 후 구워 낸 도자기를 만들었어요.

① 당삼채   ② 분청사기   ③ 상감 청자   ④ 청화 백자

3 몽골 사람들이 다음과 같은 건축물을 만든 까닭은 무엇인가요?   (   )

① 서민 문화를 발전시키려고
② 다른 나라의 종교를 받아들이려고
③ 하늘의 별과 달, 해의 움직임을 살펴보려고

4 이 카드뉴스의 내용으로 맞으면 ○표, 틀리면 ×표 하세요.

(1) 몽골 제국은 끝까지 크리스트교를 허용하지 않았어요.   (   )
(2) 몽골 제국은 오늘날 중국의 약 3배에 해당하는 거대한 땅을 다스렸어요.   (   )
(3) 몽골의 서민들은 음악과 춤 등이 한데 어우러진 일종의 연극을 즐겼어요.   (   )

1 밑줄 친 말의 뜻을 알맞게 줄로 이으세요.

동아시아 사람들은 한자, 율령,
유교, 불교 등을 <u>공유했어요</u>. ·

· 어떤 것에 도움이 되다.

송나라의 활판 인쇄술은 지식을
널리 퍼뜨리는 데 <u>기여했어요</u>. ·

· 어떤 것을 함께 가지고 있다.

페르세폴리스 궁전에는 바빌로니아
양식의 <u>웅장한</u> 성벽이 있어요. ·

· 어떤 것을 전해 널리
퍼지게 하다.

당나라는 지리적으로 가까운 한반도
등지에 당나라 문화를 <u>전파했어요</u>. ·

· 크기나 분위기 등이
무척 크고 무게가 있다.

중세 유럽에 송나라의 화약 무기가
전해지자 기사들이 <u>몰락했어요</u>. ·

· 재산을 잃거나 권력이
약해져서 보잘것없어지다.

이슬람의 <u>천문학</u> 등이 중국으로
들어오면서 학문의 발전에
도움을 주었어요. ·

· 우주의 구조와 천체 등과
관련된 모든 것을 연구하는 학문

2 밑줄 친 말과 뜻이 비슷한 낱말을 〈보기〉에서 찾아 빈칸에 쓰세요.

〈보기〉

| 결합하다 | 독특하다 | 성립하다 | 타락하다 | 이름을 떨치다 |

(1) 당나라를 중심으로 동아시아 문화권이 **형성되었어요**.   _____
　　　　　　　　　　　　　　　　어떤 모습이나 모양을 갖추다.

(2) 페르시아 제국은 여러 지역의 문화를 **융합시켰어요**.   _____
　　　　　　　　　　　　　　다른 종류의 것이 서로 구별 없이 하나로 합쳐지다.

(3) 당나라 때 구양순이 글씨를 잘 쓰기로 **이름을 날렸어요**.   _____
　　　　　　　　　　　　　　유명해지거나 많은 사람들에게 존경을 받게 되다.

(4) 페르시아 제국의 문화유산은 **독창적이다**라는 평가를 받아요.   _____
　　　　　　　　　　　다른 것을 그대로 따라 하지 않고 새롭게 만들어 내다.

(5) 활판 인쇄술은 유럽에 전해져 **부패한** 교회를 비판하는 데 이용되었어요.   _____
　　　　　　　　　정치, 사상, 생각 등이 정의롭지 못한 쪽으로 빠져들다.

3 다음 문장의 밑줄 친 말을 바르게 고쳐 빈칸에 쓰세요.

(1) 몽골 제국은 비단에 금실과 은실로 꽃 등을 <u>수노았어요</u>.   _____

(2) 화약 무기가 전해지자 중세 유럽의 봉건 사회가 <u>해채되었어요</u>.   _____

(3) 몽골 제국의 도로와 역참 덕분에 동서 교류는 <u>할기</u>를 띠었어요.   _____

(4) 당나라의 수도 장안에는 도로가 바둑판 모양으로 <u>뻗어</u> 있었어요.   _____

(5) 당나라에는 여러 나라의 문화가 들어와 <u>다체로운</u> 문화가 유행했어요.   _____

보물 찾기

어린이들이 유령과 해골을 피해 보물을 찾을 수 있도록 알맞은 길을 찾아 줄을 그어요.

숨은그림찾기

🪐 아래 상자 안의 그림들이 큰 그림에 숨어 있어요. 숨은 그림들을 찾아 ◯표 하세요.

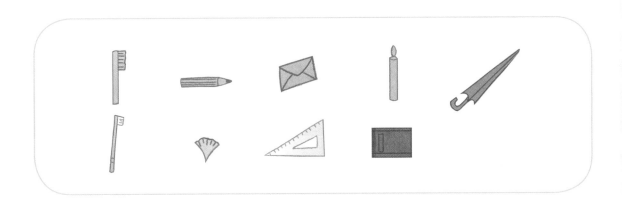

3 주

기원
(예수가 태어난 해)

| 기원전
2000년 | 기원전
1000년 | 기원후
1000년 | 기원후
2000년 |

* 예수가 태어난 해를 기준으로
그 전을 '기원전', 그 후를 '기원후'라고 해요.
'기원후'는 따로 표시하지 않아요.

1일

고대 그리스 문화

기원전 800년경

그리스에 폴리스가
만들어졌어요.

2일

알렉산드로스와
헬레니즘 문화

기원전 334년

알렉산드로스가 동방으로
원정을 시작했어요.

1세기경

인도에 쿠샨 왕조가
세워졌어요.

연표를 따라가며 3주차에 만날 고대 유럽과
인도, 서아시아의 주요 문화와 사건을 살펴보세요.

3일

**불교와
간다라 양식**

2세기경

간다라 양식이
발달했어요.

4일

**힌두교와
굽타 왕조 문화**

4~6세기경

굽타 왕조 시기에
힌두교가 성립되었어요.

5일

이슬람 문화

610년

무함마드가 이슬람교를
창시했어요.

1일차 글

★ ★ ★ ★ ★

고대 그리스 사람들은 어떤 문화를 즐겼을까요?

세계 문화 발자취

○ **기원전 800년경** 그리스, 폴리스 형성

파르테논 신전

○ **기원전 753년** 로마 건국

○ **기원전 334년** 알렉산드로스, 동방 원정 시작

○ **1세기경** 인도, 쿠산 왕조 성립

1 문단 제우스, 아폴론 등 다양한 신이 등장하는 그리스 신화에 대해 들어 본 적이 있나요? 이 신화에 등장하는 신들은 인간과 많이 닮았어요. 그리스 사람들은 신들도 인간의 모습과 감정을 가졌을 것이라고 생각했거든요. 이러한 인간적인 신의 모습을 통해 그리스 문화가 인간 중심적인 문화였음을 알 수 있어요. 또한 그리스 사람들은 조화와 균형의 아름다움을 **추구했어요.** 아테네 여신상을 통해서는 균형의 아름다움을, 파르테논 신전을 통해서는 안정감과 웅장함을 느낄 수 있지요. 또 수학적 지식이 뛰어났던 그리스 사람들은 파르테논 신전의 기둥 가운데를 일부러 볼록하게 만들었다고 해요. 기둥을 직선으로 만들면 멀리서 볼 때 휘어 보인다는 사실을 알고 있었기 때문이에요.

2 문단 한편, 그리스 사람들은 자연과 인간, 사회에 대해 자유롭게 이야기하고 의견을 나누었어요. 이 과정에서 자연스레 철학이 발전했지요. "너 자신을 알라."라는 말로 유명한 그리스의 철학자 **소크라테스**는 인간의 삶에는 객관적이고 **절대적**인 진리가 있다고 주장했어요. 소크라테스의 생각은 **플라톤**과 **아리스토텔레스**에게 이어졌고, 이들이 발전시킨 그리스 철학은 훗날 서양 철학의 바탕이 되었어요.

3 문단 그리스의 **헤로도토스**는 《역사》라는 책을 썼어요. 헤로도토스는 《역사》의 앞부분에는 그가 세계 곳곳을 여행하며 보고 들은 다양한 이야기를 담았어요. 뒷부분에는 그리스와 페르시아 제국 사이에 벌어진 전쟁에 대해 기록했지요. 그리고 이 책을 쓴 이유를 이렇게 적어 놓았어요.

"그리스 사람들과 다른 민족들의 위대한 업적을 기억하기 위해 이 글을 쓴다."

《역사》는 역사 기록으로서 가치가 매우 높아요. 그래서 헤로도토스는 '역사의 아버지'라는 별명으로 불리기도 해요. 안타까운 사실은 헤로도토스가 갑자기 세상을 떠나면서 책을 완성하지 못했다는 것이에요. 오늘날까지 전해지고 있는 책은 어떤 학자가 남긴 흔적이랍니다.

• **추구하다** 목적을 이루기 위해 계속 따르며 구하는 것을 말해요.
• **절대적** 아무런 조건이나 제약이 붙지 않는 것을 말해요.

○ 그리스 건축과 황금 비율

그리스 사람들은 건축물을 지을 때 균형감에서 오는 아름다움을 나타내고자 했어요. 파르테논 신전의 세로와 가로, 천장과 기둥에는 안정감 있다고 여겨진 황금 비율이 적용되었어요.

오늘의날짜   월   일

3주

1
내용 추론

파르테논 신전에 대해 <u>잘못</u> 이야기한 어린이는 누구인가요?   (   )

① 화인: 그리스 사람들의 수학적 지식이 담겨 있어.

② 지우: 빈틈없이 완벽한 안정감과 웅장함이 느껴져.

③ 호경: 멀리서도 기둥이 휘어 보이지 않도록 가운데를 일부러 직선으로 만들었대.

2
세부 내용

이 글의 내용으로 알맞은 것은 무엇인가요?   (   )

① 플라톤은 '역사의 아버지'라고 불려요.

② 그리스 신화에 등장하는 신들은 동물의 모습을 닮았어요.

③ 소크라테스는 인간의 삶에 절대적인 진리가 있다고 주장했어요.

④ 아리스토텔레스는 책에 여행에서 보고 들은 이야기를 기록했어요.

3
세부 내용

다음과 같은 말을 남긴 인물은 누구인가요?   (   )

> "그리스 사람들과 다른 민족들의 위대한 업적을 기억하기 위해 이 글을 쓴다."

① 소크라테스   ② 헤로도토스   ③ 아리스토텔레스

4
내용 요약

각 문단의 내용을 찾아 알맞게 기호를 쓰세요.

> (가) 그리스의 철학은 서양 철학의 바탕이 되었어요.
>
> (나) 그리스 사람들은 조화와 균형의 아름다움을 추구했어요.
>
> (다) 헤로도토스는 그리스가 페르시아 제국과 벌인 전쟁을 《역사》에 기록했어요.

1 문단 (   ) ➡ 2 문단 (   ) ➡ 3 문단 (   )

😊 오늘의 **한** 문장 정리

_____ 중심적인 그리스 문화는 건축, 철학, 역사 등 다양한 분야에서 발전했어요.

신과 인간을 담은 문화

01 균형미를 간직한 파르테논 신전

페리클레스 때 만들어진 신전으로, 건축물의 높이와 너비, 길이 사이의 황금 비율을 맞추어 안정감을 갖추었어요.

02 아테나 여신의 조각상

파르테논 신전에는 제우스 신의 딸이자 아테네를 지키는 전쟁과 지혜의 신인 아테나 여신을 모셔 놓았어요.

03 헤로도토스의 《역사》

헤로도토스가 쓴 《역사》는 그리스와 페르시아 제국 사이에 벌어진 전쟁 이야기를 다루었어요.

04 연극이 열린 디오니소스 극장

디오니소스 극장은 관람석에서 무대로 갈수록 낮아지게 만들어져 관중들에게 무대의 소리가 잘 전해질 수 있었어요.

05 도자기에 그려진 올림피아 제전

그리스의 폴리스들은 올림피아 제전을 열어 달리기, 마차 경주 등을 했어요. 이는 오늘날 올림픽의 기원이 되었어요.

06 올림피아 제전에 참가한 선수들

원반 던지는 사람의 조각상을 통해 올림피아 제전의 원반던지기 경기에 나간 선수들의 모습을 엿볼 수 있어요.

1 다음 중 아테나 여신을 모셔 놓은 곳은 어디인가요?   (   )

①
▲ 콜로세움

②
▲ 피라미드

③
▲ 판테온 신전

④
▲ 파르테논 신전

2 헤로도토스가 《역사》에서 다룬 전쟁을 골라 ○표 하세요.

| 로마·이집트 전쟁 | 당나라·페르시아 전쟁 | 그리스·페르시아 전쟁 |

3 다음 빈칸에 들어갈 알맞은 말을 이 카드뉴스에서 찾아 쓰세요.

> 그리스의 폴리스들은 오늘날 올림픽의 기원이 된 _____ 제전을
> 열었어요.

4 이 카드뉴스의 내용으로 맞으면 ○표, 틀리면 ×표 하세요.

(1) 파르테논 신전은 페리클레스 때 만들어졌어요.   (   )

(2) 디오니소스 극장은 관람석에서 무대로 갈수록 높아지게 만들어졌어요.   (   )

(3) 그리스 폴리스들은 올림피아 제전에서 달리기, 원반던지기 등을 했어요.   (   )

2일차
글

지문분석 동영상강의

알렉산드로스가 거대한 제국을 만들고 나서 어떤 변화가 생겼나요?

세계 문화 발자취

기원전 334년 알렉산드로스, 동방 원정 시작

기원전 4세기경 헬레니즘 문화 유행

라오콘 군상

1세기경 인도, 쿠산 왕조 성립

2세기경 간다라 양식 발달

1 문단 마케도니아의 왕 **알렉산드로스**는 정복 전쟁을 통해 그리스와 페르시아를 차지했고, 유럽과 아시아, 아프리카에 걸친 거대한 제국을 이루었어요. 알렉산드로스는 자신이 정복한 **동방** 지역에 그리스 사람들을 옮겨 와 살게 했는데, 이는 그리스 문화와 동방 문화가 섞인 헬레니즘 문화가 탄생한 계기가 되었어요. 알렉산드로스가 원정을 시작한 때부터 로마가 지중해 세계를 정복하기 전까지의 시기를 '헬레니즘 시대'라고 하며, 이 시기의 문화를 '헬레니즘 문화'라고 해요.

2 문단 헬레니즘 시대의 사람들은 개인의 행복과 자유를 가장 중요하게 생각했어요. 그래서 헬레니즘 문화도 인간에게 집중했다는 특징이 있어요. 미술 분야에서는 인간의 신체나 감정을 사실적으로 표현한 작품이 많아졌어요. 특히 조각 분야가 ㉠발달했는데, 밀로의 비너스상, 라오콘 군상과 같이 인체의 아름다움을 생생하게 표현한 작품들이 만들어졌어요. 또, 헬레니즘 문화는 인도로 전해져 간다라 미술의 탄생에 영향을 끼치기도 했어요.

3 문단 그런가 하면 헬레니즘 시대에는 수학과 과학이 발전했어요. 이 시대 과학의 발전과 관련된 재미있는 이야기가 하나 있어요. 어느 날, **아르키메데스**라는 학자는 황금의 무게를 재어 보라는 왕의 명령을 받았어요. 깊은 고민에 빠진 아르키메데스는 생각지도 못한 곳에서 답을 찾았어요. 목욕탕에 몸을 넣을 때 넘쳐흐르는 물을 보면서 좋은 생각이 **번뜩였어요.** 왕관과 황금을 각각 물에 넣고 넘친 물의 양을 비교하는 방법을 생각해 낸 것이에요. 아르키메데스는 너무 기쁜 나머지 목욕탕을 뛰쳐나오며 "유레카(알아냈다)!"라고 외쳤어요. 아르키메데스는 그렇게 **부력**의 원리를 발견했어요. 이외에도 헬레니즘 시대에는 **해부학** 등 다양한 학문이 발전했어요.

♀ 밀로의 비너스상

• 동방 동쪽에 있는 나라를 말해요.
• 번뜩이다 어떤 생각이 갑자기 머릿속에 떠오르는 것을 말해요.
• 부력 기체나 액체 속에 있는 물체가 위로 뜨려는 힘이에요.
• 해부학 생물체 내부의 구조를 연구하는 학문이에요.

오늘의날짜   월   일

1
세부 내용

다음 (   ) 안에 들어갈 알맞은 말을 골라 ○표 하세요.

알렉산드로스의 정복 전쟁을 계기로 (**인도** , **그리스**) 문화와 (**동방** , **서방**) 문화가 섞인 헬레니즘 문화가 탄생했어요.

2
세부 내용

이 글의 내용으로 알맞지 <u>않은</u> 것은 무엇인가요?   (   )

① 헬레니즘 시대에는 수학과 과학이 발전했어요.
② 헬레니즘 문화는 간다라 미술의 탄생에 영향을 끼쳤어요.
③ 헬레니즘 시대에는 개인보다 국가의 성장을 중요하게 생각했어요.

3
어휘 표현

밑줄 친 ㉠과 뜻이 비슷한 말로 알맞은 것은 무엇인가요?   (   )

① 빛을 보다: 업적이나 보람이 드러나다.
② 빛을 발하다: 제 능력이나 값어치를 드러내다.
③ 빛이 바래다: 원래의 색이 옅어지거나 볼품이 없어지다.

4
내용 요약

각 문단의 내용을 찾아 알맞게 기호를 쓰세요.

㉮ 아르키메데스가 부력의 원리를 발견했어요.
㉯ 인체의 아름다움을 생생하게 표현한 밀로의 비너스상 등이 만들어졌어요.
㉰ 알렉산드로스는 자신이 정복한 지역에 그리스 사람들을 옮겨 와 살게 했어요.

1 문단 (   ) ➡ **2 문단** (   ) ➡ **3 문단** (   )

 오늘의 **한** 문장 정리

그리스 문화와 동방 문화가 합쳐진 ＿＿＿＿＿＿ 문화는 개인의 행복을 중요하게 여겼어요.

2일차
신문기사

동양과 서양의 만남, 헬레니즘 문화

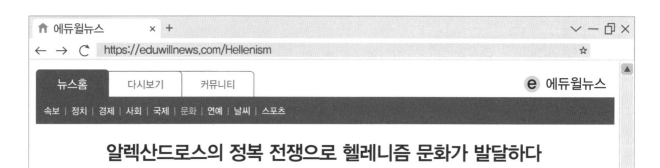

🏠 에듀윌뉴스   × +   ∨ − ⬜ ×

← → C   https://eduwillnews.com/Hellenism   ☆

| 뉴스홈 | 다시보기 | 커뮤니티 | | 🅮 에듀윌뉴스 |

속보 | 정치 | 경제 | 사회 | 국제 | 문화 | 연예 | 날씨 | 스포츠

알렉산드로스의 정복 전쟁으로 헬레니즘 문화가 발달하다

　마케도니아의 왕 알렉산드로스는 정복한 지역 곳곳에 자신의 이름을 딴 '알렉산드리아'라는 도시를 세웠다. 알렉산드리아는 그리스 문화와 동방 문화가 어우러진 헬레니즘 문화의 중심지가 되었다. 그중에서도 이집트의 알렉산드리아에는 수많은 책들이 보관된 도서관이 있어, 여러 지역의 학자들이 이곳에 모여 학문을 연구했다. 그 덕분에 헬레니즘 시대에는 천문학, 의학, 수학 등 다양한 학문이 발전했다.

　정복 전쟁 이후 고대 그리스의 도시 국가인 폴리스들이 없어지고 거대한 나라가 세워지자 작은 나라였던 폴리스보다는 개인의 행복을 소중하게 여기고 거대한 나라 아래 모두 같은 시민이라는 생각이 발달하였다.

　이러한 생각에 발맞춰 미술에서는 밀로의 비너스상, 라오콘 군상과 같이 인간에 집중해 인체의 아름다움을 **생동감** 있게 표현한 조각들이 많이 만들어졌다.

🔺 밀로의 비너스상

🔺 라오콘 군상

총 의견 수 2개 ↻새 글 보기 | 최신순 | 추천순 | 반대순 |

└ 알렉산드로스가 인도까지 진출하면서 헬레니즘 미술은 인도의 간다라 미술에도 영향을 미쳤어.
└ 라오콘 군상은 신을 화나게 해서 뱀에 물려 죽어 가는 라오콘과 두 아들의 고통을 생생하게 표현했어.

• **생동감** 생기 있게 살아 움직이는 듯한 느낌을 말해요.

오늘의날짜   **월**   **일**

3주

1   다음 빈칸에 들어갈 알맞은 도시를 이 신문기사에서 찾아 쓰세요.

> 알렉산드로스는 정복한 지역 곳곳에 자신의 이름을 딴 _____(이)라는
> 도시를 세웠어요.

2   알렉산드로스의 정복 전쟁 이후 달라진 사람들의 생각이 <u>아닌</u> 것은 무엇인가요? (   )

① 더 많은 폴리스가 만들어져야 한다.

② 개인의 행복을 소중하게 여겨야 한다.

③ 거대한 나라 아래 모두 같은 시민이다.

3   다음 중 헬레니즘 문화와 관련이 <u>없는</u> 문화유산은 무엇인가요?   (   )

①
🔺 당삼채

②
🔺 라오콘 군상

③
🔺 밀로의 비너스상

4   이 신문기사의 내용으로 맞으면 ○표, 틀리면 ×표 하세요.

(1) 헬레니즘 시대에는 천문학, 의학 등 다양한 학문이 발전했어요.   (   )

(2) 알렉산드로스가 세운 도시는 헬레니즘 문화의 중심지가 되었어요.   (   )

(3) 알렉산드로스의 정복 전쟁으로 그리스의 폴리스들이 없어졌어요.   (   )

3일차
글

불교가 인도 문화에 미친 영향은 무엇일까요?

지문분석 동영상강의

세계 문화 발자취

○ **기원전 6세기경** 석가모니, 불교 창시

● **1세기경** 인도, 쿠샨 왕조 성립

● **2세기경** 간다라 양식 발달

간다라 불상

● **320년** 인도, 굽타 왕조 성립

● **4~6세기경** 힌두교 성립

힌두교 시바신

📍 그리스 조각상(왼쪽)과 비슷한 간다라 불상(오른쪽)

1 문단 불교는 인도의 **석가모니**가 **창시했어요**. 석가모니(고타마 싯다르타)는 인도의 한 작은 나라의 왕자였기 때문에 부족함 없는 삶을 살았지만, 힘들게 살고 있는 성 밖 사람들을 보고 충격을 받았어요. 그래서 고통받는 사람들을 구할 방법을 찾기 위해 왕자의 신분을 버리고 궁궐을 나와 한 보리수나무 아래에서 **수행**을 시작했어요. 그러던 중 고통을 없애려면 욕심을 버려야 한다는 깨달음을 얻었어요. 이때부터 석가모니는 '깨달은 사람'이란 뜻의 '붓다(부처)'라고 불렸어요. 그리고 석가모니는 자신이 신분에 **연연하지** 않은 것처럼 사람들을 신분이 낮다고 차별하지 않았어요. 그저 올바르게 수행한다면 누구나 부처가 될 수 있다고 했지요. 이 가르침은 당시 인도의 종교였던 브라만교가 사람들을 신분에 따라 심하게 차별했던 것과는 달랐어요. 열심히 노력하면 된다는 생각으로 인해 많은 사람들이 석가모니의 가르침을 따르게 되었고, 불교는 더욱 발전했답니다.

2 문단 그렇다면 불교 미술은 어땠을까요? 불교에서는 부처의 모습을 직접 표현하지 않았어요. 대신 부처의 발자국, 탑, 보리수나무, 수레바퀴 등 부처를 떠올릴 수 있는 것으로 표현했지요. 그런데 알렉산드로스의 침입 이후 인도 간다라 지방에 그리스 사람들이 정착하게 되면서 변화가 나타났어요. 그리스 사람들이 신을 인간의 모습으로 조각하는 것을 보고 인도 사람들도 불상을 만들기 시작했어요. 이처럼 간다라 지방에서 인도 문화와 헬레니즘 문화가 ⟨ ⑦ ⟩ '간다라 양식'이 발달했어요. 간다라 불상은 다른 지역에서 만든 것과 차이가 있어요. 그리스 조각상의 영향을 받았기 때문에 서양 사람에 가까운 곱슬곱슬한 머리카락과 움푹 들어간 눈, 오뚝한 코, 자연스러운 옷의 주름이 도드라지지요. 간다라 양식은 불교가 전파되는 길을 따라 중국, 한반도, 일본 등 동아시아 나라에 전해져 불상이 만들어지는 데 영향을 주었어요.

• **창시하다** 종교나 학설 등을 처음으로 시작하거나 내세우는 것을 말해요.
• **수행** 몸과 마음을 바르게 갈고 닦는 것을 말해요.
• **연연하다** 어떤 것에 마음이 쏠려 잊지 못하고 매달리는 것을 말해요.

오늘의 날짜   월   일

1

세부 내용

'붓다'의 뜻으로 알맞은 것은 무엇인가요?   (   )

① 깨달은 사람   ② 차별하는 사람

③ 부족함이 없는 사람   ④ 올바르게 수행한 사람

2

어휘 표현

다음 (   ) 안에 들어갈 알맞은 말을 골라 ○표 하세요.

보리수나무 아래에서 깨달음을 얻고 불교를 창시한 석가모니는 올바르게 수행한다면 누구나 부처가 될 수 있다고 했어요. 이 가르침은 당시 인도의 종교였던 (브라만교 , 이슬람교) 가 사람들을 차별했던 것과는 달랐어요.

3

어휘 표현

㉠에 들어갈 말로 알맞지 <u>않은</u> 것은 무엇인가요?   (   )

① 섞인   ② 사라진   ③ 합쳐진   ④ 어우러진

4

세부 내용

다음 빈칸에 들어갈 알맞은 말을 이 글에서 찾아 쓰세요.

알렉산드로스의 침입 이후 인도 간다라 지방에서 발달한 양식을 _____ 양식이라고 불러요.

 오늘의 **한** 문장 정리

인도에서는 석가모니의 가르침을 따르는 불교가 발전했고, 이후 _____ 문화의 영향으로 새로운 양식의 불상이 만들어졌어요.

3일차
온라인
박물관

부처의 눈, 코, 입을 조각하다

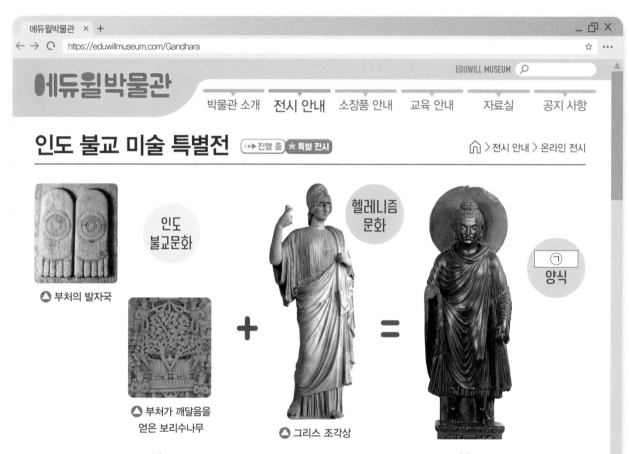

에듀윌박물관 × +

https://eduwillmuseum.com/Gandhara

에듀윌박물관

EDUWILL MUSEUM

박물관 소개　　전시 안내　　소장품 안내　　교육 안내　　자료실　　공지 사항

인도 불교 미술 특별전 ●▶진행 중 ★특별 전시

⌂ > 전시 안내 > 온라인 전시

△ 부처의 발자국

인도
불교문화

△ 부처가 깨달음을
얻은 보리수나무

+

헬레니즘
문화

△ 그리스 조각상

=

ㄱ
양식

" 옛날 사람들은 부처를 어떻게 표현했을까요? "

　옛날에 인도에서는 부처의 모습을 그대로 조각하는 것을 예절에 어긋난다고 여겨 부처의 발자국, 연꽃, 보리수나무, 수레바퀴 등으로 부처를 표현했어요. 그러다가 알렉산드로스의 정복 전쟁 이후 그리스 문화가 다른 지역으로 널리 퍼지면서 헬레니즘 문화가 나타났어요. 헬레니즘 문화에서는 조각상이 살아 움직이는 것 같이 생생하게 인체를 표현했어요. 인도의 간다라 지방에서도 신의 모습을 조각으로 표현한 헬레니즘 미술의 영향을 받아 불상을 만들기 시작했어요. 이 불상들은 그리스 조각상에서 볼 수 있는 곱슬머리, 오뚝한 코, 움푹 들어간 눈, 자연스러운 옷의 주름 등이 드러난다는 것이 특징이에요. 이렇게 탄생한 간다라 양식은 비단길을 따라 중국, 한반도, 일본 등으로 전파되어 동아시아의 불상에 영향을 주었어요.

기본 정보

기간　20○○년 ○○월 ○○일~20○○년 ○○월 ○○일　　　장소　에듀윌박물관 1층 특별 전시실

전시품　간다라 양식 관련 유물 30여 점　　　　　　　　　　운영 시간　10:00~18:00

오늘의날짜　　월　　일

1 ㉠에 들어갈 알맞은 말을 골라 ○표 하세요.

| 로마 | 인도 | 간다라 | 헬레니즘 |

2 다음 빈칸에 들어갈 알맞은 말을 이 전시에서 찾아 쓰세요.

> 알렉산드로스의 정복 전쟁 이후에 그리스 문화가 다른 지역으로 널리 퍼지면서
> ＿＿＿＿＿＿＿＿＿＿ 문화가 나타나 마치 살아 움직이는 것 같이 생생하게 인체를
> 표현한 조각상이 만들어졌어요.

3 다음과 같은 인도 간다라 지방 불상의 특징이 <u>아닌</u> 것은 무엇인가요?　　(　　　　)

① 긴 생머리
② 오뚝한 코
③ 움푹 들어간 눈
④ 자연스러운 옷의 주름

4 이 전시의 내용으로 맞으면 ○표, 틀리면 ×표 하세요.

(1) 간다라 양식은 동아시아의 불상에 영향을 주었어요.　　(　　　　)

(2) 옛날에는 부처의 발자국, 연꽃, 수레바퀴 등으로 부처를 표현했어요.　　(　　　　)

(3) 그리스 사람들은 인도 간다라 지방의 조각상을 본떠 불상을 만들었어요.　　(　　　　)

4일차 글

오늘날 인도를 대표하는 종교는 무엇일까요?

세계 문화 발자취

● 320년 인도, 굽타 왕조 성립

● 4~6세기경 힌두교 성립

힌두교 시바신

● 610년 무함마드, 이슬람교 창시

● 622년 헤지라(이슬람력의 첫해)

1문단 쿠샨 왕조 이후 인도는 어지럽게 나뉘어 있었어요. 바로 이때 인도 북부 지역을 통일한 것이 굽타 왕조예요. 굽타 왕조의 왕들은 사람들에게 자신을 '왕 중의 왕', '신의 왕' 등으로 높여 부르게 했어요. 왜냐하면 왕이 신과 다름없다고 생각하게 해야 나라의 혼란을 정리하고 다른 민족의 침입을 잘 막아 낼 수 있을 거라고 생각했기 때문이에요. 이러한 생각은 종교에도 뻗쳤어요.

'왕의 힘을 키우려면 모든 사람이 평등하다고 하는 불교는 도움이 되지 않을 거야. 그래! 백성들이 힌두교를 믿게 하자!'

힌두교의 여러 신들 가운데 비슈누라는 신은 다양한 모습으로 자신을 드러낸다고 하여 왕을 신처럼 여기게 할 좋은 수단이었어요. 힌두교는 왕실의 지원과 보호 아래 점차 성장했지요. 더욱이 힌두교는 브라만교처럼 복잡한 제사 의식이나 값비싼 물건을 요구하지 않았어요. 그렇게 힌두교는 인도 사람들 대부분이 믿는 종교로 발전했어요.

2문단 한편, 굽타 왕조가 경제적으로 ㉠풍족해지자 문화도 발달했어요. 굽타 왕조의 **공용어**인 산스크리트어로 쓰인 산스크리트 문학이 발달해 인도의 전설과 설화를 담은 《마하바라타》와 《라마야나》 등의 빼어난 작품들이 등장했어요. 또한 미술에서는 간다라 양식에 인도 **고유**의 양식이 더해진 굽타 양식이 나타났어요. 굽타 양식에 따라 만들어진 문화유산은 인물의 생김새나 옷차림 등에 인도 고유의 특징이 짙게 배어 있어요. 아잔타 석굴과 엘로라 석굴의 불상과 벽화가 대표적이에요. 굽타 왕조 때는 미술뿐만 아니라 수학과 과학도 크게 발전했는데, 흥미로운 사실은 이 시기에 처음으로 숫자 '0'의 개념을 발견했다는 것이에요. 또 당시 인도 사람들은 이미 지구의 둘레를 계산했고, 지구가 둥글고 스스로 돈다는 사실까지 밝혀냈어요. 이러한 지식은 이후 이슬람 세계에 전해져 과학의 발달에 영향을 주었답니다.

📍 《마하바라타》의 한 장면

《마하바라타》는 인도의 산스크리트어로 기록된 이야기예요. 시간 여행에 관한 이야기가 담겨 있어 많은 사람의 관심을 받았지요.

📍 엘로라 석굴

• 공용어 한 나라 안에서 공식적으로 쓰는 언어예요.
• 고유 어떤 사물이나 집단, 문화에서 본래 가지고 있던 특별한 것을 말해요.

오늘의날짜　　　월　　　일

1

내용 추론

이 글의 내용을 알맞게 이해한 어린이는 누구인가요?　　　　　　　　(　　　　　)

① 불교는 왕을 신처럼 보이게 만드는 데 도움이 됐을 것 같아.

② 힌두교의 비슈누라는 신은 왕을 신처럼 여기게 할 수 있는 수단이었어.

③ 불교는 모두를 평등하게 본 점에서 굽타 왕조에 도움이 됐을 것 같아.

2

세부 내용

다음 (　　　) 안에 들어갈 알맞은 말을 골라 ○표 하세요.

아잔타 석굴의 벽화는 간다라 양식에 인도 고유의 양식이 더해진 (**굽타** , **이슬람**) 양식의 특징이 돋보이는 문화유산이에요. 보살상에 표현된 인물의 생김새나 옷차림 등에 인도 고유의 특징이 나타나 있어요.

3

세부 내용

다음 빈칸에 들어갈 알맞은 말을 이 글에서 찾아 쓰세요.

굽타 왕조 때 인도 사람들은 처음으로 숫자 ＿＿＿＿＿＿＿＿＿＿ 의 개념을 발견했고, 지구의 둘레를 계산했으며 지구가 둥글고 스스로 돈다는 사실을 밝혀냈어요.

4

어휘 표현

밑줄 친 ㉠과 바꿔 쓸 수 있는 말로 알맞은 것은 무엇인가요?　　　　　　(　　　　　)

① 넉넉해지자　　　　　　② 부족해지자　　　　　　③ 어려워지자

 오늘의 **한** 문장 정리

굽타 왕조는 왕의 힘을 키우기 위해 ＿＿＿＿＿＿＿＿ 를 내세웠고, 이는 오늘날 인도 사람들 대부분이 믿는 종교로 발전했어요.

4일차
백과사전

힌두교가 바탕이 된 인도 문화

힌두교와 굽타 왕조 시기의 문화

힌두교를 믿는 사람들은 어떤 신을 믿었을까?

힌두교에는 다양한 신이 존재해요. 대표적인 신은 **창조**를 담당하는 브라흐마, 유지를 담당하는 비슈누, 파괴를 담당하는 시바예요. 힌두교에서는 신이 인간, 동물 등 다양한 모습으로 나타난다고 보았어요. 그래서 다양한 종교의 신을 받아들일 수 있었어요.

△ 브라흐마   △ 비슈누   △ 시바

힌두교를 믿는 사람들은 왜 바라나시를 찾아올까?

인도 갠지스강 근처에 있는 도시 바라나시에서는 강물에 몸을 씻거나 시체를 띄워 보내는 모습을 자주 볼 수 있어요. 힌두교에서는 강물이 죄를 씻어 준다고 믿어 강물에서 목욕하는 것을 중요시해요.

굽타 왕조 시기 문화의 특징은 무엇일까?

굽타 왕조 때 발달한 굽타 양식은 인체의 **윤곽**을 그대로 드러내 신의 모습을 표현했다는 특징을 가져요. 또, 이때 만들어진 인도 숫자는 이슬람 세계에 전해져 오늘날 우리가 사용하는 아라비아 숫자가 되었어요.

인 도	۱ ۲ ۳ ۴ ٤ ۶ ۷ ۸ ۹
아라비아	٠ ۱ ۲ ۳ ٤ ٥ ٦ ۷ ۸ ۹
현 대	0 1 2 3 4 5 6 7 8 9

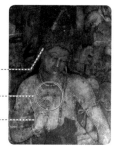

화려한 장신구
연꽃
그대로 드러난 인체의 윤곽

• **창조** 전에 없던 것을 처음으로 만들거나 새롭게 이루는 것을 말해요.
• **윤곽** 사물의 테두리나 대강의 모습을 말해요.

1 다음 중 힌두교의 신이 <u>아닌</u> 것은 무엇인가요?   (   )

①    ②   ③   ④

     🔺 시바   🔺 예수   🔺 비슈누   🔺 브라흐마

3주

2 다음 빈칸에 들어갈 알맞은 도시를 이 백과사전에서 찾아 쓰세요.

> 인도 갠지스강 근처에 있는 도시 _____ 에서는 강물에 몸을 씻거나
> 시체를 띄워 보내는 모습을 자주 볼 수 있어요.

3 이 백과사전의 내용으로 맞으면 ○표, 틀리면 ×표 하세요.

⑴ 힌두교에서는 강물이 죄를 씻어 준다고 믿어요.   (   )

⑵ 굽타 양식은 인체의 윤곽을 그대로 드러냈다는 점이 특징이에요.   (   )

⑶ 힌두교에서는 신은 오직 동물의 모습으로만 나타난다고 보았어요.   (   )

4 다음 굽타 왕조 시기의 인도 숫자가 나타내는 아라비아 숫자를 골라 ○표 하세요.

| 2 | 3 | 5 | 8 |

지문분석 동영상강의

5일차 글

★ ★ ★ ★
이슬람교를 믿는 사람들은 왜 돼지고기를 먹지 않을까요?

세계 문화 발자취

● **610년** 무함마드, 이슬람교 창시

● **622년** 헤지라(이슬람력의 첫해)

● **751년** 탈라스 전투(중국 당나라-이슬람 왕조의 전투)

● **9~10세기경** 이슬람, 아라비아 숫자 완성

2 3 4

٢ ٣ ٤

1 문단 이슬람 문화가 이슬람교를 바탕으로 한다는 사실은 아주 익숙하게 느껴질 거예요. 이슬람 문화는 이슬람교의 경전인 《쿠란》을 일상생활의 기준으로 삼을 만큼 이슬람교와 가까이 맞닿아 있어요. 《쿠란》은 이슬람교를 창시한 **무함마드**가 **알라**의 가르침을 정리한 경전으로, 이슬람교를 믿는 사람들은 생활 속 작은 부분까지 《쿠란》을 따라요. 그래서 돼지를 부정적인 동물로 여겨 돼지고기를 먹지 않고, 하루에 다섯 차례 메카 방향으로 기도를 하며, 가난한 사람들을 돕는 활동을 실천하기도 하지요.

2 문단 이슬람교의 중심지인 아라비아반도는 동양과 서양이 만나는 곳에 위치해요. 그 덕분에 이슬람 문화는 아라비아반도 고유의 문화에 동서양의 문화를 더해 조화롭게 발달하게 되었어요. 한편 이슬람의 건축물 중 모스크는 둥근 지붕(돔)이 덮여 있고, 뾰족한 탑이 솟아 있어요. 내부는 아라베스크 무늬와 아랍 문자로 장식되어 있지요. 이때 흔히 볼 수 있는 그림 대신 선 등을 이용한 아라베스크 무늬로 장식한 데는 특별한 이유가 있어요. 바로 알라에 대한 **묘사**를 금지한 이슬람교의 가르침을 따르기 위함이었어요. 그래서 이슬람 사람들은 사람의 모습을 그리는 대신 아라베스크 무늬의 아름다움을 추구했어요.

3 문단 이슬람 세계는 그리스와 로마, 페르시아, 인도 등의 학문을 적극적으로 받아들여 과학을 눈부시게 발전시켰어요. 이슬람 천문학자들은 지구가 둥글다는 것을 **증명했고**, 이슬람 수학자들은 오늘날 사용하는 아라비아 숫자를 완성했지요. 또한 이슬람 세계에서는 금속을 녹이고 섞어서 보석이나 영원히 늙지 않고 오래 살 수 있는 약을 만들려는 연금술이 유행했어요. 연금술을 연구하는 과정에서 자연스레 과학도 발전했지요. 이슬람의 과학은 유럽에 전해져 훗날 유럽의 과학 발전에 [　　　⊙　　　]했어요.

◉ 이슬람교의 예배당, 모스크

- **알라** 이슬람교의 유일하고 절대적인 신이에요.
- **묘사** 어떤 것을 있는 그대로 자세하게 그리는 것을 말해요.
- **증명하다** 어떤 내용이나 판단이 진실인지 아닌지 증거를 들어 밝히는 것을 말해요.

1 다음 (   ) 안에 들어갈 알맞은 말을 골라 ○표 하세요.

세부 내용

> 이슬람 문화에서는 이슬람교의 경전인 (**성경** , **쿠란**)을 일상생활의 기준으로 삼아요.

2 이슬람교를 믿는 사람의 일기예요. 다음 중 이슬람교의 가르침을 따르지 <u>않은</u> 부분은 무엇인

세부 내용 가요?   (   )

> ①《쿠란》의 가르침을 떠올리며 하루를 시작했다. ②다섯 차례의 기도도 잊지 않았
> 다. ③가난한 사람들을 돕는 활동이 생각보다 늦게 끝나서 ④돼지고기를 얹은 요리
> 로 혼자 저녁밥을 먹었다.

3 이슬람 사람들이 아라베스크 무늬의 아름다움을 추구한 까닭은 무엇인가요? (   )

내용 추론

① 지구가 둥글다는 것을 증명해야 했기 때문에

② 이슬람교에서 알라에 대한 묘사를 금지했기 때문에

③ 모스크에 보석을 더 장식할 공간이 필요했기 때문에

4 ㉠에 들어갈 알맞은 말은 무엇인가요?   (   )

어휘 표현

① 기여   ② 반응   ③ 반대   ④ 감탄

 오늘의 **한** 문장 정리

> 이슬람교를 믿는 사람들은 _____ 의 가르침을 정리한 《쿠란》에 따라 생활하고,
> 이슬람 문화는 아라비아 고유의 문화에 동서양의 문화를 더해 조화롭게 발달했어요.

5일차
온라인 전시회

★★★
사진으로 보는 이슬람 문화

QR코드를 찍어
이슬람 세계에 대해
알아보아요.

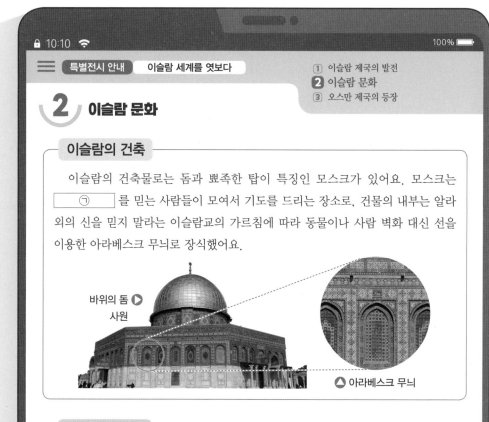

🔒 10:10 📶   100% 🔋

≡ [특별전시 안내]   **이슬람 세계를 엿보다**

① 이슬람 제국의 발전
② 이슬람 문화
③ 오스만 제국의 등장

2 이슬람 문화

이슬람의 건축

이슬람의 건축물로는 돔과 뾰족한 탑이 특징인 모스크가 있어요. 모스크는
[㉠]를 믿는 사람들이 모여서 기도를 드리는 장소로, 건물의 내부는 알라
외의 신을 믿지 말라는 이슬람교의 가르침에 따라 동물이나 사람 벽화 대신 선을
이용한 아라베스크 무늬로 장식했어요.

바위의 돔 ▶
사원

🔺 아라베스크 무늬

이슬람의 과학

이슬람의 천문학자들은 **천체** 기구인 아스트롤라베를 이용하여 하늘의 별과 달
의 위치를 살펴봤어요. 아스트롤라베는 고대 그리스에서 만든 것을 이슬람 천문학
자들이 더 발전시킨 것이에요. 이슬람 사람들은 그리스와 로마, 페르시아, 인도 등
의 학문을 받아들여 수준 높은 과학을 발전시켰어요.

◀ 아스트롤라베

• **천체** 우주에 있는 모든 물체를 말해요.

오늘의 날짜 　　　월 　　　일

1 ㉠에 들어갈 알맞은 종교는 무엇인가요? 　　　　　　(　　　)

① 불교 　　　　　 ② 힌두교 　　　　　 ③ 이슬람교 　　　　　 ④ 크리스트교

2 다음 (　　) 안에 들어갈 알맞은 말을 골라 ○표 하세요.

> 이슬람의 건축물인 모스크 내부는 종교의 가르침에
> 따라 (**아라베스크** , **스테인드글라스**) 무늬로 장식
> 했어요.

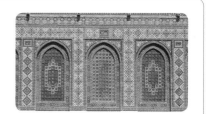

3 다음 빈칸에 들어갈 알맞은 말을 이 전시에서 찾아 쓰세요.

> 이슬람의 천문학자들은 천체 기구인 _____
> 을/를 이용하여 하늘의 별과 달의 위치를 살펴봤어요.

4 이 전시의 내용으로 맞으면 ○표, 틀리면 ×표 하세요.

(1) 모스크는 사람들이 모여서 기도를 드리는 장소예요. 　　　　　(　　　)

(2) 모스크는 붉은 벽돌로 만든 내부와 둥글게 만든 탑이 특징이에요. 　　　　(　　　)

(3) 이슬람은 그리스와 로마 등의 학문을 받아들여 과학을 발전시켰어요. 　　　(　　　)

1 밑줄 친 말의 뜻을 알맞게 줄로 이으세요.

아르키메데스는 <u>부력</u>의 원리를 발견했어요.	종교나 학설 등을 처음으로 시작하거나 내세우다.
힌두교의 신인 브라흐마는 <u>창조</u>를 담당해요.	생물체 내부의 구조를 연구하는 학문
불교를 <u>창시</u>한 석가모니는 '붓다'라고도 불려요.	전에 없던 것을 처음으로 만들거나 새롭게 이룸.
굽타 왕조에서는 산스크리트어를 <u>공용어</u>로 썼어요.	아무런 조건이나 제약이 붙지 않는 것
헬레니즘 시대에는 <u>해부학</u> 등 다양한 학문이 발달했어요.	기체나 액체 속에 있는 물체가 위로 뜨려는 힘
소크라테스는 인간의 삶에 <u>절대적인</u> 진리가 있다고 주장했어요.	한 나라 안에서 공식적으로 쓰는 언어

2 밑줄 친 말과 뜻이 비슷한 낱말을 〈보기〉에서 찾아 빈칸에 쓰세요.

─────〈보기〉─────

고유   묘사   좇다   지속   활기

(1) 이슬람교에서는 알라에 대한 <u>표현</u>을 금지해요.   _____

생각이나 느낌을 언어나 몸짓 등으로 드러내어 나타냄.

(2) 힌두교의 신 중에는 <u>유지</u>를 담당하는 비슈누가 있어요.   _____

어떤 상태나 상황을 그대로 이어 나감.

(3) 그리스 사람들은 조화와 균형의 아름다움을 <u>추구했어요.</u>   _____

목적을 이루기 위해 계속 따르며 구하다.

(4) 굽타 양식은 간다라 양식에 인도 <u>특유</u>의 양식이 더해졌어요.   _____

일정한 사물만이 특별히 갖추고 있음.

(5) 헬레니즘 미술에서는 인체를 <u>생동감</u> 있게 표현한 조각들이 만들어졌어요.   _____

생기 있게 살아 움직이는 듯한 느낌

3주

3 다음 (   ) 안에 들어갈 알맞은 말을 골라 ○표 하세요.

(1) 아르키메데스는 목욕탕에서 좋은 생각이 (**번뜨겼어요** , **번뜩였어요**).

(2) 이슬람의 천문학자들은 (**천채** , **천체**) 기구인 아스트롤라베를 썼어요.

(3) 굽타 왕조 시기에는 인체의 (**윤각** , **윤곽**)을 그대로 드러내는 양식이 유행했어요.

(4) 석가모니는 고통을 (**없애려면** , **없에려면**) 욕심을 버려야 한다는 깨달음을 얻었어요.

(5) 《역사》를 쓴 헤로도토스를 '역사의 아버지'라는 별명으로 (**부르기도** , **불르기도**) 해요.

4 주

1일

세계 3대 종교

2일

로마 문화

기원
(예수가 태어난 해)

기원전
2000년

기원전
1000년

기원후
1000년

기원후
2000년

* 예수가 태어난 해를 기준으로
   그 전을 '기원전', 그 후를 '기원후'라고 해요.
   '기원후'는 따로 표시하지 않아요.

313년

크리스트교가 로마 제국의
공식적인 종교로 인정받았어요.

476년

서로마 제국이
멸망했어요.

기원전 753년

로마가 세워졌어요.

481년

프랑크 왕국이
세워졌어요.

연표를 따라가며 **4주차**에 만날
중세 유럽의 주요 문화와 사건을 살펴보세요.

3일

비잔티움 문화

532~537년

유스티니아누스 황제 때
성 소피아 대성당이 지어졌어요.

4일

**크리스트교와
서유럽 문화**

1220년

프랑스의 샤르트르 대성당이
완성되었어요.

5일

**흑사병과
유럽의 변화**

14세기경

유럽에서 흑사병이
유행했어요.

800년
카롤루스 대제가 서로마
황제의 왕관을 받았어요.

세계의 3대 종교는 무엇일까요?

세계 문화 발자취

- **기원전 753년** 로마 건국
- **기원전 6세기경** 석가모니, 불교 창시
- **313년** 로마 제국, 크리스트교 공인
- **375년** 게르만족, 대이동 시작
- **395년** 로마 제국, 동서로 분열
- **610년** 무함마드, 이슬람교 창시

1문단 세계에는 수많은 종교가 있어요. 그중 크리스트교와 불교, 이슬람교는 오늘날 전 세계 사람들이 가장 많이 믿는 종교라서 '세계 3대 종교'라고 불려요. 불교는 왕자의 신분을 버리고 수행에 나섰던 **석가모니**가 깨달음을 얻어 창시한 종교예요. 당시는 힘센 사람들이 힘없는 사람들을 억누르며 강제로 일을 시키고 괴롭히던 때였어요. 석가모니는 그런 세상의 괴로움을 해결하기 위해 고민했고, 자신이 깨달은 바를 제자들에게 가르침으로 베풀었어요. "욕심을 버리고 깨달음을 얻으면 누구나 부처가 될 수 있고 완전한 행복을 얻을 수 있다."라고 하면서요. 이러한 불교의 가르침은 인도에서 시작되어 동아시아의 여러 나라로 퍼져 나갔어요.

2문단 시간이 흘러, 로마 제국이 지배하던 한 지방에서는 **예수**가 나타나 크리스트교를 창시했어요. 예수의 제자들은 **입을 모아** 이렇게 말했지요.

"예수님을 믿으면 누구나 사랑과 믿음을 통해 **구원**받을 수 있습니다!"

그렇게 로마 제국 전체로 퍼져 나간 크리스트교는 오늘날 세계에서 가장 많은 사람이 믿는 종교로 성장했어요. 이들은 하느님과 예수를 믿고 《성경》을 봐요. 크리스트교의 영향력은 크리스마스만 떠올려도 알 수 있어요. 세계적인 **기념일**, 크리스마스가 바로 예수의 탄생을 축하하는 날이기 때문이에요.

3문단 아라비아반도에는 다양한 종교가 뒤섞여 있었어요. 그러던 중 메카라는 도시에서 **무함마드**가 깨달음을 얻어 이슬람교를 창시했어요. 이슬람교는 알라 앞에 모든 인간이 ㉠평등하다고 믿었어요. 이런 가르침은 특히 가난하고 신분이 낮은 사람들에게 환영받았지요. 이슬람교가 중요하게 생각한 또 다른 것은 메카예요. 이슬람교를 믿는 사람은 모두 매일 5번씩 메카가 있는 방향으로 기도하고 있으며, 살면서 한 번 이상 메카를 다녀와야 할 정도랍니다.

◉ 예수 탄생 교회

◉ 이슬람교를 믿는 사람들이 메카를 방문한 모습

이슬람교를 믿는 사람들은 이슬람교가 시작된 곳인 메카를 성지로서 중요하게 생각해요.

- **입을 모으다** 여러 사람이 같은 의견을 내는 것을 말해요.
- **구원** 인류를 죽음과 고통과 죄악에서 건져 내는 일을 말해요.
- **기념일** 특별한 일이 있었던 날을 해마다 잊지 않고 떠올리는 날이에요.

오늘의 날짜   월   일

1
세부 내용

세계 3대 종교가 <u>아닌</u> 것을 골라 ○표 하세요.

| 불교 | 이슬람교 | 크리스트교 | 조로아스터교 |

2
세부 내용

다음은 석가모니의 가르침이에요. (   ) 안에 들어갈 알맞은 말을 골라 ○표 하세요.

> 인간은 누구나 (**배려** , **욕심**)을/를 버리고 깨달음을 얻으면 완전한 (**불행** , **행복**)
> 을 얻을 수 있어요.

4주

3
내용 추론

크리스트교에 대해 알맞게 이해한 어린이는 누구인가요?   (   )

① 송화: 인도가 지배하던 지방에서 만들어졌어.

② 겨울: 크리스마스는 크리스트교의 기념일이야.

③ 정원: 알라를 믿으면 구원받을 수 있다고 가르쳐.

④ 석현: 매일 5번씩 메카가 있는 방향으로 기도해야 해.

4
어휘 표현

밑줄 친 ㉠과 뜻이 비슷하지 <u>않은</u> 말은 무엇인가요?   (   )

① 동등하다: 등급이나 정도가 같다.

② 동일하다: 어떤 것과 비교하여 똑같다.

③ 차별하다: 등급이나 수준의 차이를 두어 구별하다.

④ 공평하다: 한쪽으로 치우치지 않고 모두에게 고르다.

 오늘의 **한** 문장 정리

크리스트교와 불교, _____ 는 세계 3대 종교예요.

개성 넘치는 세계 3대 종교의 문화유산

에듀윌백과사전 × +

https://encyeduwill.com/Architecture_religieuse

e 에듀윌백과사전   세계 종교 건축물 🔍

세계 3대 종교의 대표적인 건축물

크리스트교 이탈리아의 피사 대성당은 로마네스크 양식의 대표적인 건축물이에요. '로마풍'이라는 뜻의 로마네스크 양식은 반원 모양의 아치, 튼튼한 기둥, 두꺼운 벽, 작은 창문이 특징이에요. 프랑스의 샤르트르 대성당과 노트르담 대성당은 고딕 양식을 대표하는 건축물로, 하늘을 찌를 듯한 첨탑과 화려하게 장식한 스테인드글라스(색유리그림)가 돋보이지요.

아치 / 작은 창문 / 첨탑 / 스테인드글라스

⬥ 피사 대성당(로마네스크 양식)   ⬥ 샤르트르 대성당(고딕 양식)

이슬람교 이슬람교 건축물은 둥근 지붕과 뾰족한 탑이 특징인 모스크 양식으로 만들어졌어요. 내부에는 사람이나 동물을 활용한 무늬가 없으며, 문자나 식물 등을 활용한 아라베스크 무늬로 장식되어 있어요.

⬥ 이맘 모스크(오른쪽)와 모스크 내부(왼쪽)

불교 중국의 룽먼 석굴은 윈강 석굴과 함께 중국의 대표적인 석굴 사원으로 10만 개가 넘는 불상이 있어요. 인도네시아의 보로부두르 사원은 수많은 탑과 불상이 층층이 쌓인 거대한 불교 건축물이에요.

⬥ 룽먼 석굴   ⬥ 보로부두르 사원

오늘의날짜   월   일

1 이슬람교 건축물의 특징으로 알맞지 <u>않은</u> 것은 무엇인가요?   (   )

① 둥근 지붕   ② 뾰족한 탑
③ 스테인드글라스   ④ 아라베스크 무늬

2 다음 중 크리스트교와 관련이 <u>없는</u> 건축물은 무엇인가요?   (   )

①
🔺 피사 대성당

②
🔺 성 소피아 대성당

③
🔺 샤르트르 대성당

④
🔺 노트르담 대성당

3 다음 건축물과 관련 있는 종교를 이 백과사전에서 찾아 쓰세요.

🔺 룽먼 석굴

🔺 보로부두르 사원

✏️ _____

4 이 백과사전의 내용으로 맞으면 ○표, 틀리면 ×표 하세요.

(1) 이슬람교 건축물은 고딕 양식으로 만들어졌어요.   (   )

(2) 중국의 룽먼 석굴에는 10만 개가 넘는 불상이 있어요.   (   )

(3) 피사 대성당은 로마네스크 양식의 대표적인 건축물이에요.   (   )

4주

2일차
글

로마 사람들도 목욕을 했을까요?

세계 문화 발자취

○ 기원전 753년 로마 건국

● 80년 로마, 콜로세움 완성

● 2세기경 판테온 신전 완성

● 395년 로마 제국, 동서로 분열

1 문단 로마에서는 넓은 제국을 다스리는 데 도움이 되는 **실용적인** 문화가 발달했어요. 특히 건축물에서 실용적인 것을 좋아했던 로마 문화의 성격과 그로 인해 발전한 다양한 건축 기술을 엿볼 수 있어요.

"넓은 땅 안에서 중요한 지역들을 연결하면 사람도 물건도 더 쉽게 이동할 수 있을 거야. 그러기 위해서 도로와 다리를 건설해야겠어!"

로마는 넓은 땅에 사방팔방으로 도로를 깔아 모든 길이 로마와 연결되게 했어요. 그러고는 도시에 수도 시설을 잘 갖추어 깨끗한 물을 공급하고 하수를 내보냈지요. 덕분에 로마 사람들은 공중목욕탕을 짓고 깨끗한 생활을 누릴 수 있게 되었어요. 또한 신전, 극장, 원형 경기장 같은 시설을 만들어 문화와 오락을 즐겼어요. 그 옛날, 로마의 큰 원형 경기장인 콜로세움에서는 마차 경주 등 다양한 운동 경기가 펼쳐졌지요. 콜로세움에 모인 로마 관중들이 환호하는 소리가 들리는 것 같지 않나요?

2 문단 로마의 또 다른 실용적인 **유산**은 바로 법이에요. 로마에는 원래 하나의 정해진 법이 없었어요. 사람들끼리 지켜오던 다양한 **관습**들을 법으로 삼아 따르도록 했지요. ⬚⬚⬚⬚⬚⬚ 나라가 넓어지면서 여러 민족이 로마로 흡수되다 보니 이전처럼 로마 사람들끼리 지켜오던 법으로 다른 민족까지 다스리는 것은 어려워졌어요. 모든 사람에게 적용할 하나의 법이 필요해진 것이지요. 그러다 로마의 시민들이 지켜야 할 법이 만들어졌고, 그 내용은 12개의 판에 새겨 발표되었어요. '12표법'이라고 불리는 이 법이 만들어지자, 귀족들이 자신들의 입맛대로 법을 해석해서 적용하는 일이 사라졌어요. 또한 평민들은 법을 직접 보고 그 내용을 익혀서 이전보다 더 확실하게 법의 보호를 받을 수 있게 되었어요. 이후에도 로마의 법은 계속 발전하며 평민의 권리를 보호했어요. 그리고 훗날 유럽의 여러 나라가 로마의 법을 바탕으로 하여 법을 만들었답니다.

📍 **12표법**

로마의 첫 공식적인 법이에요. 시장 한편에 걸려 있어 평민들도 쉽게 읽고 그 내용을 알 수 있었어요.

• **실용적** 실제로 쓰기에 알맞은 것을 말해요.

• **유산** 옛날 사람들이 남겨 놓은 것을 말해요.

• **관습** 한 사회에서 오랫동안 지켜져 온 생활 방식이나 질서 등을 말해요.

1
세부 내용

다음 빈칸에 들어갈 알맞은 말을 이 글에서 찾아 쓰세요.

> 로마 사람들은 넓은 제국을 다스리는 데 도움이 되는 _____인 문화를 발달시켰어요. 이러한 로마 문화의 성격은 모든 길이 로마와 연결되도록 깔아 놓은 도로나 잘 갖추어 놓은 수도 시설 등에 잘 나타나요.

2
세부 내용

로마의 유산으로 알맞지 <u>않은</u> 것을 골라 ○표 하세요.

| 극장 | 석굴 | 공중목욕탕 | 원형 경기장 |

3
어휘 표현

㉠에 들어갈 알맞은 말은 무엇인가요?   (   )

① 결국   ② 그런데   ③ 반대로   ④ 예를 들어

4
내용 추론

12표법으로 평민들이 더 확실한 법의 보호를 받게 된 까닭은 무엇인가요?   (   )

① 귀족과 평민의 구분이 사라졌기 때문에

② 여러 민족들이 힘을 합쳐 왕을 몰아냈기 때문에

③ 평민들이 법을 직접 보고 그 내용을 익히게 되었기 때문에

④ 여전히 귀족들의 입맛대로 법이 해석되고 적용되었기 때문에

 오늘의 **한** 문장 정리

로마에서는 실용적인 문화가 발달해 건축 분야가 발달했고, 모든 사람에게 적용할 _____도 만들어졌어요.

2일차
블로그

로마 시민의 하루

🏠 티투스의 블로그   ✕   ∨ − 🗗 ✕

← → C   https://blog.rome.com/Titus   ☆

내 블로그 | 이웃 블로그 | 블로그 홈 | 로그인

티투스

안녕하세요. 로마에 살고 있는 10살 소년이에요. 많이 놀러 와 주세요!

목록

📄 전체 보기(12)

📄 **나는야 로마 안내자(9)**
⋮📄 로마의 볼거리(2)
⋮📄 로마의 먹거리(6)
⋮📄 로마의 즐길거리(1)

📄 **나의 이야기(3)**
⋮📄 일기(2) Ⓝ
⋮📄 취미 생활(1)

활동 정보 ▲

블로그 이웃 22명
글 보내기 5회
글 퍼오기 6회

로마 시민인 나의 하루 살펴보기

티투스   URL 복사

오전 10시   **판테온 신전에서 기도하기**

판테온 신전은 '모든 신을 위한 신전'이라는 뜻이야. 나도 다른 로마 사람들처럼 여러 신이 모셔져 있는 이곳에서 신에게 기도를 했어.

오후 1시   **콜로세움에서 검투 경기 관람하기**

로마의 유명한 건축물 중 하나인 콜로세움은 원형 경기장이자 극장이야. 오늘 이곳에서는 **검투사**와 짐승의 대결을 비롯한 다양한 공연이 펼쳐졌어.

오후 3시   **포로 로마노 둘러보기**

'포로 로마노'는 로마 사람들 생활의 중심지야. 이곳에는 수많은 신전과 각종 공공건물이 있거든. 여느 때처럼 재판, 투표, 축제 등이 열리고 있었어.

오후 5시   **카라칼라 목욕장에서 목욕하기**

카라칼라 목욕장은 천 명이 넘는 사람들이 한꺼번에 목욕할 수 있는 거대한 공중목욕탕이야. 로마 사람들에게 목욕장은 몸을 씻는 곳이자 친구를 만나 대화하고 놀이도 하는 장소야.

• **검투사** 옛날에 경기장에서 칼을 가지고 사람이나 동물과 싸우는 일을 직업으로 삼았던 사람이에요.

오늘의날짜　　　**월**　　　**일**

1 티투스가 오후 3시에 한 일로 알맞은 것은 무엇인가요?　　　(　　　　)

① 목욕장에서 목욕하기
② 포로 로마노 둘러보기
③ 판테온 신전에서 기도하기
④ 콜로세움에서 검투 경기 관람하기

2 로마 사람들이 다음 장소에서 했던 일은 무엇인가요?　　　(　　　　)

① 신을 모시고 기도를 했어요.
② 나라의 중요한 일을 결정했어요.
③ 검투 경기 및 다양한 공연을 관람했어요.
④ 재판을 열어 죄를 지은 사람에게 벌을 주었어요.

3 티투스가 목욕을 한 목욕장의 이름을 이 블로그에서 찾아 쓰세요.

✏️ _____

4 이 블로그의 내용으로 맞으면 ○표, 틀리면 ×표 하세요.

(1) 티투스는 오후 5시에 신전에서 기도했어요.　　　(　　　　)

(2) 포로 로마노는 로마 사람들 생활의 중심지예요.　　　(　　　　)

(3) 로마의 목욕장은 몸을 씻는 곳이자 친구를 만나 대화하는 장소예요.　　　(　　　　)

3일차
글

지문분석 동영상강의

서유럽과 동유럽은 왜 서로 다른 문화를 가지게 되었을까요?

세계 문화 발자취

- **395년** 로마 제국, 동서로 분열
- **476년** 서로마 제국 멸망
- **527년** 비잔티움 제국, 유스티니아누스 황제 즉위

- **532~537년** 유스티니아누스 황제, 성 소피아 대성당 건축

1문단 로마 제국은 힘을 잃고 동로마 제국과 서로마 제국으로 갈라졌어요. 동유럽 지역에서는 동로마 제국, 즉 비잔티움 제국이 날로 성장했어요. 이들은 서유럽 사람들이 믿는 크리스트교가 아닌 그리스 정교를 믿었어요. 여기에 그리스와 로마 문화의 전통을 더해 독특한 문화를 발전시켰어요. 그리스어를 공용어로 사용했고, 비잔티움 제국의 전성기를 이끈 **유스티니아누스 황제** 때는 로마의 법을 모아 정리한 《유스티니아누스 법전》을 완성했지요. 이처럼 비잔티움 제국은 서유럽과는 다른 독자적인 문화를 이루었답니다.

2문단 비잔티움 제국의 수도는 오늘날 튀르키예(터키)의 이스탄불인 콘스탄티노폴리스였어요. 이스탄불은 도시 전체가 유네스코 세계 유산으로 지정될 만큼 유적이 가득해요. 이곳에서 단연 돋보이는 것은 비잔티움 양식의 대표적인 건축물인 성 소피아 대성당이에요. 이 성당도 유스티니아누스 황제가 만들었어요. 벽 위에 거대한 돔을 올리고, 내부는 화려하고 아름다운 모자이크 벽화로 장식했지요. 이 성당이 어찌나 아름다웠던지, 훗날 콘스탄티노폴리스를 차지한 오스만 제국은 성 소피아 대성당보다 더 멋진 건축물을 만들려고 노력하기도 했답니다.

3문단 비잔티움 제국은 천 년 동안 이어졌던 나라예요. 오랜 기간 이어진 나라였던 만큼 이들의 문화는 주변의 여러 지역에도 큰 영향을 주었답니다. 특히 비잔티움 문화는 유럽 동쪽과 북쪽에 흩어져 살던 슬라브족에게 전해져 동유럽과 러시아 문화의 **토대**가 되었어요. 슬라브족은 문자, 건축 양식 등 비잔티움 문화를 적극적으로 [㉠] 했지요. 대표적인 예로, 오늘날 우크라이나 키이우(키예프)에 있는 성 소피아 성당은 슬라브족의 전통 양식과 비잔티움 양식을 결합한 건축물이에요. 만약 키이우의 성 소피아 성당을 보게 된다면 양파 모양의 독특한 돔에 절로 눈이 가고 말 거예요.

📍 비잔티움 제국의 영역

비잔티움 제국의 영역(476년)
유스티니아누스 황제 때 되찾은 영역

📍 우크라이나 키이우(키예프)의 성 소피아 성당

• **토대** 어떤 일이나 사물의 밑바탕이 되는 기초를 말해요.

오늘의날짜　　　　**월**　　　**일**

1

세부 내용

비잔티움 제국의 공용어로 알맞은 것은 무엇인가요?　　　　(　　　　)

① 영어　　　　　② 그리스어　　　　　③ 스페인어　　　　④ 이탈리아어

2

세부 내용

다음 빈칸에 들어갈 말로 알맞은 것은 무엇인가요?

> 비잔티움 제국은 그리스와 로마 문화의 전통을 이어 갔어요. ＿＿＿＿＿＿＿＿
> 때는 로마의 법을 모아 정리한 법전을 완성하기도 했답니다.

① 카롤루스 대제　　　　　② 콘스탄티누스 황제　　　　　③ 유스티니아누스 황제

4주

3

어휘 표현

㉠에 들어갈 알맞은 말은 무엇인가요?　　　　　　　　　(　　　　)

① 거부　　　　　② 수용　　　　　③ 제거　　　　　④ 합성

4

내용 요약

이 글의 내용을 요약했어요. 빈칸에 들어갈 알맞은 말을 찾아 쓰세요.

비잔티움 문화

종교	서유럽과 달리 (❶)을/를 믿음.
법	로마의 법을 모아 정리한 《유스티니아누스 법전》을 만듦.
건축	• 유스티니아누스 황제가 콘스탄티노폴리스에 (❷)을/를 만듦. • 동유럽과 러시아 문화의 토대가 됨.

❶ ＿＿＿＿＿＿＿＿　　　　❷ ＿＿＿＿＿＿＿＿

 오늘의 **한** 문장 정리

> 서유럽과는 다른 종교를 중심으로 발전한 비잔티움 제국의 문화는 이후 ＿＿＿＿＿＿＿ 에게
> 전해져 동유럽과 러시아 문화의 토대가 되었어요.

3일차
온라인 전시회

지문분석 동영상강의

천 년의 문화를 간직한 비잔티움 제국

QR코드를 찍어 비잔티움 문화에 대해 알아보아요.

① 비잔티움 제국의 정치
② 비잔티움 제국의 문화
③ 비잔티움 제국의 쇠퇴

2 비잔티움 제국의 문화

비잔티움 제국의 문화는 동유럽 지역에 많은 영향을 주었어요. 그래서 오늘날 동유럽 곳곳에서 돔과 모자이크 벽화를 가진 비잔티움 양식의 건축물을 쉽게 찾아볼 수 있어요. 그 모습들을 한번 살펴볼까요?

성 소피아 대성당(튀르키예 이스탄불)

튀르키예(터키) 이스탄불에 있는 성 소피아 대성당은 비잔티움 양식의 대표적인 건축물이에요. 외부의 거대한 돔과 내부의 화려한 모자이크 벽화가 돋보여요.

오스만 제국 때 이슬람 사원으로 이용되며 세워진 4개의 첨탑

하늘을 상징하는 거대한 돔

성 소피아 성당(우크라이나 키이우)

우크라이나의 수도 키이우(키예프)에 있는 성 소피아 성당은 비잔티움 양식과 다른 문화가 합쳐져 만들어진 건축물이에요. 양파 모양의 돔이 특징이에요.

오늘의날짜   월   일

1 다음 (   ) 안에 들어갈 알맞은 말을 골라 ○표 하세요.

비잔티움 제국의 문화는 (**동유럽** , **서유럽**) 지역에 많은 영향을 주었어요.

2 튀르키예 이스탄불에 있는 비잔티움 양식의 대표적인 건축물은 무엇인가요?   (   )

①    ②    ③

3 성 소피아 대성당의 특징으로 알맞지 <u>않은</u> 것은 무엇인가요?   (   )

① 거대한 돔

② 스테인드글라스

③ 화려한 모자이크 벽화

4 이 전시의 내용으로 맞으면 ○표, 틀리면 ×표 하세요.

(1) 키이우의 성 소피아 성당은 양파 모양의 돔이 특징이에요.   (   )

(2) 이스탄불의 성 소피아 대성당은 오스만 제국 때 불교 사원으로 이용되었어요.(   )

(3) 키이우의 성 소피아 성당은 비잔티움 양식과 다른 문화가 합쳐진 건축물이에요.

                                                    (   )

지문분석 동영상강의

4일차
글

성당의 뾰족한 탑에 담긴 중세 서유럽 사람들의 생각은 무엇일까요?

세계 문화 발자취

- **527년** 비잔티움 제국, 유스티니아누스 황제 즉위
- **800년** 카롤루스 대제, 서로마 황제 대관
- **1220년** 샤르트르 대성당 완성

- **1248년** 퀼른 대성당 건축 시작

1 문단 크리스트교는 중세 서유럽 사람들의 일상생활을 지배했어요.

"사람이 어떻게 행동해야 하는지 정하시는 분은 신입니다."

이 말에 따라 중세 서유럽 사람들은 사람보다 **우월한** 존재라고 여긴 신의 뜻을 무조건 따랐고, 교회의 영향력도 날로 커져 갔어요. 태어나서 죽을 때까지 겪는 중요한 일을 모두 교회와 함께하였고, 교회가 정한 달력에 따라 일했으며, 교회의 종소리로 시간을 알았어요. 적의 침입이나 화재 등 위급한 상황 역시 마찬가지였지요. 심지어 교회와 수도원에서만 학문을 연구하고 가르칠 수 있었어요. 그러던 중 십자군 전쟁이 실패하면서 교회의 힘이 약해졌고, 이슬람의 수학과 과학 등 다양한 학문이 유럽에 들어왔어요. 그러자 더 이상 교회에서만 연구와 교육을 담당하기 어려워졌고, 자연스레 유럽 곳곳에 대학이 생겨나 학문이 더욱 발전하게 되었지요.

2 문단 크리스트교의 강한 힘을 증명하듯 중세 서유럽에서는 많은 교회가 지어졌어요. 초기에는 '로마풍'이라는 뜻의 로마네스크 양식이 유행했어요. 로마네스크 양식은 돔과 반원 모양의 아치가 특징으로, 이탈리아의 피사 대성당과 피렌체 대성당이 대표적이에요. 시간이 흘러 서유럽 사람들은 뾰족한 탑과 스테인드글라스가 특징인 고딕 양식으로 교회를 지었어요. 이러한 교회 건축에는 신을 향한 당시 사람들의 **간절한** 마음이 반영되었어요.

'신이 계신 천국으로 올라갈 수 있을 만큼 탑을 높게 만들자!'

사람들의 이러한 바람을 담아 높이 솟아오른 탑이 지어졌고, 교회 안에는 신의 말씀을 표현한 스테인드글라스가 장식되었어요. 독일의 퀼른 대성당이나 프랑스의 샤르트르 대성당, 노트르담 대성당이 대표적인 고딕 양식 건축물이랍니다.

♀ 십자군 전쟁
크리스트교를 믿는 서유럽의 나라들이 이슬람교를 믿는 나라들이 차지한 예루살렘(예수가 죽고 부활한 곳)을 되찾기 위해 200년 가까이 벌인 전쟁이에요.

♀ 독일의 퀼른 대성당

- 우월하다 다른 것보다 뛰어난 것을 말해요.
- 간절하다 어떤 것에 정성이나 마음을 매우 쏟는 것을 말해요.

오늘의날짜   월   일

1
어휘 표현

다음 빈칸에 들어갈 알맞은 말을 이 글에서 찾아 쓰세요.

중세 서유럽에서는 _____ 이/가 사람들의 일상생활을 지배했어요.

2
세부 내용

이 글의 내용으로 알맞지 <u>않은</u> 것은 무엇인가요?   (   )

① 중세 서유럽 사람들은 교회가 정한 달력을 따랐어요.
② 중세 서유럽 사람들은 신보다 사람이 우월하다고 생각했어요.
③ 학문이 다양해지자 자연스레 유럽 곳곳에서 대학이 생겨났어요.
④ 중세 서유럽에서는 십자군 전쟁이 실패하면서 교회의 힘이 약해졌어요.

3
세부 내용

다음 (   ) 안에 들어갈 알맞은 말을 골라 ○표 하세요.

신을 향한 중세 서유럽 사람들의 간절한 마음은 교회 건축에 반영되었어요. 이 시기에는 신이 있는 천국으로 가까이 가고 싶다는 바람에서 끝이 뾰족한 탑과 스테인드 글라스를 특징으로 하는 (**고딕** , **로마네스크**) 양식이 유행했어요.

🔺 노트르담 대성당

4
내용 요약

각 문단의 내용을 찾아 알맞게 기호를 쓰세요.

㈎ 교회와 수도원에서 학문을 연구하고 가르쳤어요.
㈏ 돔과 반원 모양의 아치를 특징으로 하는 양식이 유행했어요.

1 문단 (   ) ➡ 2 문단 (   )

😊 오늘의 **한** 문장 정리

중세 _____ 에서는 사람들의 일상생활은 물론 문화와 건축에도 크리스트교가 커다란 영향을 끼쳤어요.

4주

4일차
온라인 박물관

지문분석 동영상강의

우리는 신과 가까워지고 싶어요

에듀윌박물관 × +

https://eduwillmuseum.com/Church

에듀윌박물관

EDUWILL MUSEUM

박물관 소개　전시 안내　소장품 안내　교육 안내　**자료실**　공지 사항

교회에 담긴 중세 서유럽 사람들의 소망

🏠 〉자료실

고딕 양식의 교회는 신과 가까워지고자 하는 소망을 담아 하늘을 향해 높이 솟아오른 구조로 지어졌어요. 그리고 큰 창문을 통해 들어온 빛이 교회 안을 가득 채우게 해 내부를 신비로운 빛의 공간으로 만들었어요. 독일의 쾰른 대성당과 프랑스의 노트르담 대성당, 샤르트르 대성당이 대표적이에요.

뾰족한 탑 뾰족한 탑은 고딕 양식 교회의 상징이에요. 하늘 높이 솟은 탑은 천국에 좀 더 가까이 가려는 중세 유럽 사람들의 소망을 담았어요.

❶ X자형 천장

❷ 버팀벽

샤르트르 ▶ 대성당

❸ 아치

❹ 스테인드글라스

① **X자형 천장**: 천장의 무게를 버티기 위해 천장의 뼈대를 X자 형태로 만들었어요.
② **버팀벽**: 건물 외벽이 무너지지 않도록 교회 바깥쪽으로 기둥을 세워 날개처럼 연결했어요.
③ **아치**: 성당의 출입구는 아치로 되어 있으며, 종교적인 그림이 새겨져 있어요.
④ **스테인드글라스(색유리그림)**: 예수의 탄생을 축하하러 온 사람들이 표현되어 있어요.

• 소망 어떤 일을 바라는 것을 말해요.

오늘의날짜   **월**   **일**

1 고딕 양식의 교회가 하늘을 향하는 구조로 지어진 까닭을 알맞게 말한 어린이는 누구인가요?

(   )

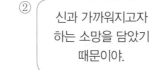

① 지진과 홍수에 대비하려고 했기 때문이야.

② 신과 가까워지고자 하는 소망을 담았기 때문이야.

③ 부처님이 사는 나라를 표현하려고 했기 때문이야.

2 고딕 양식으로 지어진 건축물로 알맞지 <u>않은</u> 것은 무엇인가요? (   )

①
🔺 피사 대성당

②
🔺 샤르트르 대성당

③
🔺 노트르담 대성당

3 다음 빈칸에 들어갈 알맞은 말을 이 전시에서 찾아 쓰세요.

뾰족한 _____은/는 고딕 양식 교회의 상징이에요.

4 샤르트르 대성당의 특징으로 알맞지 <u>않은</u> 것은 무엇인가요? (   )

① 천장이 X자형이에요.

② 거대한 돔이 씌워져 있어요.

③ 건물 바깥쪽으로 버팀벽이 있어요.

④ 창문이 스테인드글라스로 꾸며졌어요.

5일차

글

중세 유럽을 변화시킨 병은 무엇일까요?

세계 문화 발자취

● 800년 카롤루스 대제, 서로마 황제 대관

● 1337년 백년 전쟁 발발

● 1348년경 유럽, 흑사병 유행

● 1392년 조선 건국

● 1453년 비잔티움 제국 멸망

1 문단 "흑사병은 신이 내린 벌이야. 우리는 모두 목숨을 잃게 될 거야!"

유럽에 무시무시한 병이 퍼졌어요. 이 병에 걸리면 피부색이 시커멓게 변하고 열이 펄펄 끓다 갑자기 죽어 버려서, '흑사병'이라고 불렸어요. 하루에도 수많은 사람이 목숨을 잃자 유럽의 도시는 **아수라장**이 되었어요. 흑사병은 몇 년간 귀족이든, 성직자든, **농노**든 신분에 관계없이 유럽 사람들의 목숨을 빼앗았어요. 왜 이런 전염병이 퍼진 걸까요? 그건 바로 도시의 급속한 발전 때문이었어요. 도시가 발전하자 사람들은 일자리를 찾아 도시로 몰려들었고, 그러면서 도로에 온갖 똥과 오줌, 쓰레기가 넘쳐흘렀어요. 이렇게 오염된 도시를 떠도는 쥐 떼를 통해 페스트균이 옮아 흑사병이 퍼진 거예요. 혹시 타임머신을 타고 그때로 가서 이런 것들에 대해 알려 주고 싶나요? 그렇다면 조심해야 할 거예요. 흑사병과 관련된 정보를 알려 준다 한들 사람들은 믿지 않을 것이고, 도리어 헛소문을 퍼트린 마녀로 몰려 죽게 될지도 모른답니다.

2 문단 흑사병이 유행하기 전부터 도시에서는 물건을 사고팔 때 주로 돈을 사용했어요. 그러면서 자연스레 상업이 발달하게 되었고, 이는 도시의 발전으로 이어졌어요. 영주들도 점점 돈의 중요성을 깨달았어요. 그래서 농노들이 자신의 땅에서 일하지 않는 대신 그들로부터 돈을 받았지요. 심지어 때로는 돈을 받고 그들을 농노에서 해방시켜 자유를 주기도 했어요. 그러던 중 흑사병이 유행하였고, 인구가 크게 줄어 농사지을 사람이 부족해지자 영주들은 큰 고민에 빠졌어요.

"농노가 너무 부족해. 남아 있는 농노들에게 일을 더 시켜야겠어."

영주들은 흑사병에 걸리지 않은 농노들에게 가혹하게 일을 시켰고, 이는 결국 농노들의 저항을 불러일으켰어요. 영주는 농노들의 거센 저항에 부딪히면서 점점 힘이 약해졌고, 이는 장원의 해체로 이어졌으며, 중세 봉건 사회라는 커다란 울타리도 점점 무너져 갔답니다.

📍 중세 유럽을 뒤흔든 흑사병

흑사병으로 인해 퍼진 유럽 사람들의 죽음에 대한 공포를 느낄 수 있는 그림이에요.

• 아수라장 싸움이나 그 밖의 다른 일로 큰 혼란에 빠진 상태를 말해요.
• 농노 중세 유럽 사회의 농민으로 평민과 노예의 중간 정도의 지위를 가졌어요.

오늘의 날짜   월   일

1

중심 내용

중세 유럽에서 공포의 대상이었던 병을 이 글에서 찾아 쓰세요.

✏️ _____

2

세부 내용

중세 유럽에 흑사병이 퍼진 까닭으로 보기 <u>어려운</u> 것은 무엇인가요?   (   )

① 오염된 도시를 떠도는 쥐 떼

② 도로에 넘쳐흐르는 똥과 오줌

③ 교회에 대한 믿음과 기도 부족

4주

3

내용 추론

이 글을 읽고 보인 반응으로 알맞지 <u>않은</u> 것은 무엇인가요?   (   )

① 민정: 흑사병의 유행으로 농사지을 사람이 부족해졌대.

② 정혁: 흑사병의 유행이 몇 년간 이어진 후에야 끝났으니 말이야.

③ 시은: 농노들은 일을 하지 않는 대신 영주에게 돈을 내게 되었어.

④ 도연: 이런 상황 속에서 장원을 운영하는 영주의 힘은 더욱 강해질 수밖에 없었어.

4

세부 내용

다음 빈칸에 들어갈 말이 알맞게 짝 지어진 것은 무엇인가요?   (   )

> 흑사병은 쥐 떼를 통해 **❶** 이/가 옮아 퍼진 병이에요. 중세 유럽 사람들은 이를 **❷** (으)로 생각했어요.

① 마녀 – 단순한 감기

② 마녀 – 신이 내린 벌

③ 페스트균 – 단순한 감기

④ 페스트균 – 신이 내린 벌

 오늘의 **한** 문장 정리

중세 유럽을 덮친 _____ 으로 유럽 인구가 크게 줄자 중세 봉건 사회가 무너져 갔어요.

5일차 카드뉴스

지문분석 동영상강의

중세 유럽이 무너지다

01 십자군 전쟁

크리스트교를 믿는 나라들과 이슬람교를 믿는 나라들끼리 전쟁을 벌였어요.

02 도시의 발달

교통이 편리한 지역을 중심으로 시장이 들어서면서 도시가 발달했어요.

03 흑사병의 유행

흑사병이 **휩쓸면서** 유럽의 인구가 크게 줄어 노동력이 부족해졌어요.

04 장원의 해체

노동력이 부족해지자 농노의 지위가 높아졌고, 결국 장원이 해체되었어요.

05 중앙 집권 국가의 등장

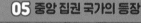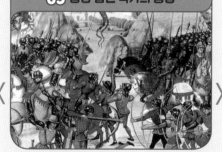

장원이 해체되면서 유럽 여러 나라의 왕들은 시민들의 경제적인 도움과 군대를 **기반**으로 힘을 강화했어요.

06 종교 개혁

독일에서는 루터가, 스위스에서는 칼뱅이 종교 개혁을 일으키며 썩어 버린 교회를 깨끗하게 만들고자 했어요.

• 휩쓸다 질병이나 전쟁 등이 전체에 다 퍼지는 것을 말해요.
• 기반 무엇을 하기 위해 기초가 되는 것을 말해요.

1 유럽에 흑사병이 유행하면서 일어난 일은 무엇인가요?   （   ）

① 장원이 해체되었어요.

② 프랑크 왕국이 세워졌어요.

③ 로마 제국이 동쪽과 서쪽으로 나누어졌어요.

④ 게르만족이 로마 제국의 땅으로 이동하기 시작했어요.

2 다음 빈칸에 들어갈 알맞은 말을 이 카드뉴스에서 찾아 쓰세요.

> 유럽 여러 나라의 왕들은 ＿＿＿＿＿＿＿＿＿들의 경제적인 도움과 군대를 기반
> 으로 힘을 강화했어요.

3 이 카드뉴스의 내용으로 맞으면 ○표, 틀리면 ×표 하세요.

⑴ 썩어 버린 교회를 깨끗하게 만들고자 종교 개혁이 일어났어요.   （   ）

⑵ 흑사병의 유행으로 유럽의 인구가 크게 줄어 노동력이 부족해졌어요.   （   ）

⑶ 불교를 믿는 나라들과 이슬람교를 믿는 나라들이 십자군 전쟁을 벌였어요. （   ）

4 이 카드뉴스를 읽고 다음 내용을 일어난 순서대로 알맞게 기호를 쓰세요.

> ㈎ 장원이 해체되었어요.
> ㈏ 유럽에 흑사병이 유행했어요.
> ㈐ 유럽에 중앙 집권 국가가 등장했어요.
> ㈑ 루터와 칼뱅이 종교 개혁을 일으켰어요.

（   ） ➡ （   ） ➡ （   ） ➡ （   ）

1~5일 지문에서 나온 중요 어휘를 정리해 보세요.

1 밑줄 친 말의 뜻을 알맞게 줄로 이으세요.

크리스마스는 세계적인 **기념일**이에요.	옛날 사람들이 남겨 놓은 것
법은 로마의 대표적인 **유산**이에요.	어떤 것에 정성이나 마음을 매우 쏟다.
콜로세움에서 **검투사**와 짐승의 대결이 펼쳐졌어요.	질병이나 전쟁 등이 전체에 퍼지다.
흑사병이 유럽을 **휩쓸자** 인구가 크게 줄었어요.	인류를 죽음과 고통과 죄악에서 건져 내는 일
크리스트교에서는 예수를 믿으면 **구원**받는다고 생각해요.	특별한 일이 있었던 날을 해마다 잊지 않고 떠올리는 날
중세 교회 건축에는 신을 향한 **간절한** 마음이 담겨 있어요.	옛날에 경기장에서 칼을 가지고 사람이나 동물과 싸우는 일을 직업으로 삼았던 사람

2 밑줄 친 말과 뜻이 비슷한 낱말을 〈보기〉에서 찾아 빈칸에 쓰세요.

〈보기〉

| 낮다 | 공부 | 퍼지다 | 무너지다 | 발전하다 |

(1) 동유럽에서 비잔티움 제국이 날로 **성장했어요**.
　　　　　　　　　　　　사물의 규모나 세력이 커지다.
_____

(2) 농노의 지위가 높아진 영향으로 장원이 **해체되었어요**.
　　　　　　　　　　　　　체제나 조직 등이 붕괴하다.
_____

(3) 중세 서유럽에서는 교회와 수도원에서 **학문**을 가르쳤어요.
　　　　　　　　　　어떤 분야를 체계적으로 배워서 익힘.
_____

(4) 중세 시대의 교회 건축에는 로마네스크 양식이 **유행했어요**.
　　　　　　　　　　무엇이 사람들에게 인기를 얻어 사회 전체에 퍼지다.
_____

(5) 중세 서유럽 사람들은 신을 사람보다 **우월한** 존재로 여겼어요.
　　　　　　　　　　다른 것보다 뛰어나다.
_____

3 다음 문장의 밑줄 친 말을 바르게 고쳐 빈칸에 쓰세요.

(1) 돈을 받고 농노에서 <u>해방시켜</u> 자유를 주기도 했어요.
_____

(2) 비잔티움 문화는 동유럽과 러시아 문화의 <u>토데</u>가 되었어요.
_____

(3) 석가모니는 자신이 깨달은 것을 제자들에게 가르침으로 <u>배풀었어요</u>.
_____

(4) 카라칼라 목욕장은 천 명이 넘는 사람들이 <u>한거번에</u> 들어갈 수 있었어요.
_____

(5) 높게 <u>쏫아오른</u> 교회의 탑에는 신과 가까워지고자 하는 소망이 담겨 있어요.
_____

도착 지점까지 수영하기

수영을 해서 도착 지점까지 갈 수 있도록 알맞은 길을 찾아 줄을 그어요.

다른 그림 찾기

🍃 두 그림의 다른 부분들을 찾아 아래 그림에 ○표 하세요.

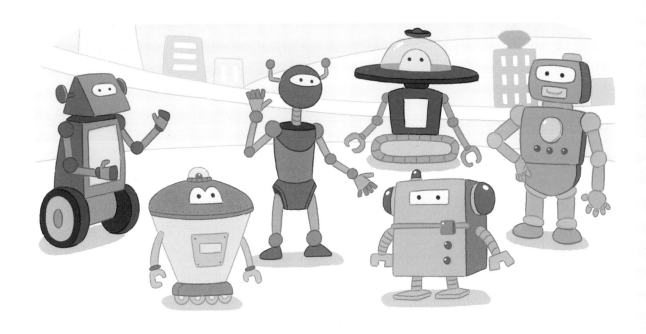

에듀윌 초등 문해력보스 세계사 세계 문화 ❶

발 행 일	2023년 1월 2일 초판
저 자	에듀윌초등문해력연구소
펴 낸 이	권대호, 김재환
펴 낸 곳	(주)에듀윌
등록번호	제25100-2002-000052호
주 소	08378 서울특별시 구로구 디지털로34길 55
	코오롱싸이언스밸리 2차 3층

www.eduwill.net
대표전화 1600-6700

여러분의 작은 소리
에듀윌은 크게 듣겠습니다.

여러분의 이야기를 들려주세요.
공부하시면서 어려웠던 점. 궁금한 점.
칭찬하고 싶은 점. 개선할 점. 어떤 것이라도 좋습니다.

에듀윌은 여러분께서 나누어 주신 의견을
통해 끊임없이 발전하고 있습니다.

에듀윌 도서몰 book.eduwill.net
교재내용 문의 에듀윌 도서몰 → 문의하기 → 교재(내용, 출간) → 초등 문해력

문해력 레벨업 게임 붙임 딱지

초등부터 에듀윌

문해력
보스

초등부터 에듀윌

문해력 보스

바른답과 도움말

세계사
초등 3~6학년

세계 문화 ❶ 고대~중세

eduwill

바른답과 도움말

세계사 초등 3~6학년

세계 문화 ❶ 고대~중세

글 **문명이 시작된 곳은 어디일까요?**

문단	중심 낱말	중심 내용
1문단	메소포타미아 문명	수메르 사람들은 인류 최초의 문명인 메소포타미아 문명을 이루었어요.
2문단	이집트 문명	이집트 문명은 죽음 이후의 세계를 중요하게 생각했어요.

정답

1 메소포타미아 문명   **2** ③
3 ③   **4** ②

한 문장 정리 이집트

1 수메르 사람들은 인류 최초의 문명인 메소포타미아 문명을 이루었습니다.
2 수메르 사람들이 만든 신전인 지구라트는 '높은 곳'이라는 뜻을 가졌습니다.
3 이집트 사람들은 사람이 죽더라도 영혼은 계속 살아남는다고 생각해서 미라와 〈사자의 서〉를 만들었습니다.
4 이집트 사람들은 죽은 사람의 영혼이 돌아왔을 때 몸이 남아 있어야 한다고 생각해서 미라를 만들었습니다. 이집트 사람들에게 이런 생각은 당연했을 것이므로, ㉠과 어울리는 사자성어는 '불을 보듯 뻔할 정도로 당연하다.'를 뜻하는 '명약관화'입니다.

백과사전 **이집트 문명의 모든 것**

정답

1 ①   **2** 스핑크스
3 (1) ◯ (2) ◯ (3) ✕   **4** ①

1 이집트 사람들의 생활에 도움을 준 강은 나일강입니다.
2 '스핑크스'는 피라미드를 지키는 신으로 알려져 있습니다.
3 (3) 피라미드의 거대한 크기를 통해 당시 파라오의 힘이 강했음을 짐작할 수 있습니다.
4 이집트 사람들은 죽은 사람을 돕기 위해 미라를 관에 넣을 때 사후 세계에 대한 안내서인 〈사자의 서〉를 함께 넣었습니다.

글 **한반도 근처에서 만들어진 문명이 있을까요?**

문단	중심 낱말	중심 내용
1문단	모헨조다로	인도 문명은 모헨조다로와 같은 계획도시를 중심으로 이루어졌어요.
2문단	카스트 제도	아리아 사람들은 엄격한 신분제인 카스트 제도를 만들었어요.
3문단	중국 상나라	중국 상나라에서는 점을 쳐서 나라의 중요한 일을 결정했어요.

정답

1 ④   **2** 카스트 제도
3 ③   **4** (가) ➡ (다) ➡ (나)

한 문장 정리 인더스강

1 인도 문명의 도시, 모헨조다로에서는 인류의 역사에서 처음으로 '공중목욕탕'을 이용했습니다.
2 아리아 사람들은 신분제인 '카스트 제도'를 만들었습니다.
3 상나라에서는 거북의 배딱지나 동물의 뼈를 이용해 점을 쳤고, 그 배딱지나 뼈에 점을 친 내용을 새겨 놓았습니다. 따라서 ㉠에는 서로 비슷한 앞뒤 문장을 연결해 주는 말인 '그리고'가 들어가는 것이 알맞습니다.
4 (가) 모헨조다로가 계획적으로 만들어진 도시였다는 내용은 1문단, (다) 아리아 사람들이 넓힌 땅에 살던 사람들과 자신들을 구분하고 싶어 했다는 내용은 2문단, (나) 상나라에서 나라의 중요한 일을 결정할 때 점을 쳤다는 내용은 3문단에 나와 있습니다.

SNS **인도와 중국에서 꽃핀 문명**

정답

1 계획   **2** ③
3 (1) ◯ (2) ◯ (3) ✕   **4** ❶ 거북 ❷ 뼈

1 모헨조다로는 철저한 '계획'에 따라 만들어진 도시였습니다.
2 모헨조다로는 네모반듯한 모양의 도시로 이곳저곳으로 이동하기 쉬웠습니다.
3 (3) 모헨조다로의 건물들은 규칙적으로 세워져 있었습니다.
4 상나라에서 점을 치는 데 사용한 문자는 '거북'의 배딱지를 뜻하는 갑과 동물의 '뼈'를 뜻하는 골이라는 글자를 합쳐 갑골문이라고 불립니다.

글 옛날 사람들은 어떤 글자를 썼을까요?

문단	중심 낱말	중심 내용
1문단	쐐기 문자	메소포타미아 문명의 수메르 사람들은 쐐기 문자를 만들었어요.
2문단	상형 문자	이집트 문명은 사물의 모양을 본떠 만든 상형 문자를 썼어요.
3문단	갑골문	중국 상나라에서는 한자의 뿌리로 알려진 갑골문을 썼어요.

정답

1 쐐기 문자   2 ④

3 ③   4 ①

한 문장 정리 갑골문

1 수메르 사람들은 인류의 가장 오래된 문자인 '쐐기 문자'를 만들었습니다.

2 프랑스 학자 샹폴리옹이 이집트의 상형 문자를 해독했습니다.

3 이집트 사람들은 자신들의 문자를 신이 내려 준 선물이라며 성스럽게 여겼습니다. 그래서 이집트의 상형 문자는 '히에로글리프'라고 불리기도 합니다.

4 '뿌리'는 사물이나 현상을 이루는 밑바탕을 비유적으로 이르는 말입니다. 따라서 ㉠과 뜻이 비슷하지 않은 말은 '결실'입니다.

온라인박물관 글자에 담긴 문명의 모습

정답

1 문자   2 ③

3 상형   4 ①

1 이 전시는 메소포타미아 문명과 이집트 문명에서 사용한 '문자'에 관해 소개합니다.

2 수메르 사람들은 물건을 사고팔 때 정보를 기억하고 확인하려고 문자를 만들어 사용했습니다.

3 이집트 사람들은 사물의 모양을 본뜬 '상형' 문자를 사용했습니다.

4 문제에 제시된 이집트의 문자는 '물'을 본뜬 글자입니다.

글 중국 문화의 출발지는 어느 나라일까요?

문단	중심 낱말	중심 내용
1문단	만리장성, 병마용 갱	진나라 시황제는 엄청난 규모의 만리장성과 병마용 갱을 만들었어요.
2문단	종이, 비단길	한나라는 종이를 발전시키고 비단길을 여는 등 중국 문화의 바탕을 만들었어요.

정답

1 ①   2 ②

3 ②   4 ❶ 진나라 ❷ 종이

한 문장 정리 한나라

1 진나라 시황제는 흉노의 침입을 막기 위해 만리장성을 쌓았습니다.

2 진나라 시황제는 자신의 무덤에 흙으로 만든 병사와 말 모형을 넣었습니다.

3 한나라의 채륜은 기존에 포장지로만 쓰이던 종이를 글을 쓸 수 있도록 더욱 편리하게 만들었습니다.

4 '진나라'는 만리장성, 병마용 갱 등 엄청난 규모의 문화유산을 남겼습니다. 한나라는 죽간을 대신할 '종이'를 만들고 비단길을 개척해 이후 중국 문화의 바탕을 만들었습니다.

카드뉴스 시황제, 진나라를 디자인하다

정답

1 ③   2 ③

3 ④   4 (1) ○ (2) × (3) ○

1 이 카드뉴스에는 중국을 통일한 진나라 시황제가 남긴 문화유산과 그가 추진했던 정책과 관련된 내용이 나와 있습니다.

2 시황제는 여러 나라에서 사용하던 다양한 화폐를 진나라의 화폐인 반량전으로 통일했습니다.

3 시황제는 자신의 무덤을 지키게 하기 위해 수천 개의 병마용을 넣은 병마용 갱을 만들었습니다.

4 (2) 시황제는 흉노의 침입을 막으려고 만리장성을 쌓았습니다.

글 비단길은 '비단으로 만든 길'이라는 뜻일까요?

문단	중심 낱말	중심 내용
1문단	비단길	한나라 무제 때부터 비단길을 따라 서역과 교역하기 시작했어요.
2문단	비단길	중국과 서역은 비단길을 통해 교역했어요.
3문단	비단길, 역참	몽골 제국이 비단길에 역참을 설치하자 교역이 더 활발해졌어요.

정답

1	한나라 무제	2	②
3	①	4	④

한 문장 정리 장건

1 비단길은 '한나라 무제' 때 처음으로 열렸습니다.
2 한나라와 함께 흉노를 무찌를 동맹을 맺기 위해 서역으로 떠났던 장건은 흉노에게 잡히는 등 여러 어려움을 겪었습니다. 따라서 ㉠과 어울리는 사자성어는 '온갖 사정이 복잡하고 어렵다.'는 뜻의 '우여곡절'입니다.
3 한나라 무제 때의 비단길은 한나라의 수도인 장안에서 시작해 중앙아시아를 지나 로마까지 이어졌습니다.
4 몽골 제국이 비단길에 역참을 설치한 까닭은 비단길을 통한 교역이 더 활발해지길 원했기 때문입니다.

인터뷰 장건의 모험으로 새로운 길이 열리다

정답

1	③	2	월지
3	한나라 무제	4	(1) ○ (2) ○ (3) ×

1 한나라 무제와 장건의 노력으로 비단길이 열렸습니다.
2 한나라 무제는 흉노를 물리치기 위해 서역의 '월지'라는 나라와 손잡고 흉노를 공격할 계획을 세웠습니다.
3 장건은 서역에서 자신이 보고 들은 것을 '한나라 무제'에게 전했고, 이를 계기로 비단길이 열렸습니다.
4 ⑶ 한나라 무제는 서역의 월지와 동맹을 맺기 위해 장건을 월지에 보냈습니다.

정답

1

2 (1) 여유롭다 (2) 풀어내다 (3) 기름지다
  (4) 신성하다 (5) 재다
3 (1) 본떠 (2) 개척한 (3) 점괘
  (4) 엄격한 (5) 지져서

2 ⑴ '여유롭다'는 물건이나 공간, 시간 등이 넉넉해서 남는 것을 말합니다.
  ⑵ '풀어내다'는 복잡하거나 어려운 일을 깊이 파고들어 밝혀내는 것을 말합니다.
  ⑶ '기름지다'는 땅에 영양분이 많아서 농사짓거나 식물이 살기 좋은 것을 말합니다.
  ⑷ '신성하다'는 함부로 가까이할 수 없을 만큼 귀하고 위대한 것을 말합니다.
  ⑸ '재다'는 도구나 방법을 써서 길이, 크기, 양 등의 정도를 알아보는 것을 말합니다.

2주

1일차 **페르시아 문화** 　36～39쪽

글 　**페르시아는 왜 다양한 문화가 섞여 있을까요?**

문단	중심 낱말	중심 내용
1문단	페르시아 문화	페르시아 문화는 여러 지역의 문화가 합쳐진 독창적인 문화였어요.
2문단	페르시아 공예 기술	페르시아의 정교한 공예 기술은 한반도까지 전해졌어요.
3문단	조로아스터교	페르시아 사람들은 조로아스터교를 믿었어요.

정답

1　③　　　　　　　2　③
3　②　　　　　　　4　❶ 한반도 ❷ 조로아스터교

한 문장 정리　페르시아 제국

1　페르세폴리스 궁전은 여러 지역의 문화가 어우러진 페르시아의 독창적인 문화유산입니다.
2　페르세폴리스 궁전 정문 앞의 황소 조각은 아시리아 문화의 영향을 받은 것입니다.
3　페르시아 사람들은 착한 신의 승리를 믿었고, 착한 신의 상징이라고 여긴 불을 소중하게 여겼습니다.
4　페르시아 문화는 동서 교역로인 비단길을 통해 중국을 거쳐 '한반도'에도 전해졌습니다. 페르시아 사람들은 빛의 신인 아후라 마즈다를 섬기는 '조로아스터교'를 믿었습니다.

온라인박물관　**페르시아 문화가 전해진 길을 따라서**

정답

1　④　　　　　　　2　이란
3　③　　　　　　　4　신라

1　이 전시는 신라까지 전해진 페르시아 문화에 대해 소개합니다.
2　페르시아 제국이 자리잡았던 지역이자 동서 무역의 중심지였던 곳은 오늘날 서아시아의 '이란'입니다.
3　페르시아 제국의 공예 기술은 비단길을 따라 중국을 거쳐 한반도와 일본에까지 전해졌습니다.
4　'신라'의 무덤에서 페르시아의 것과 닮은 유리병이 발견되어 당시에 페르시아 문화가 널리 전해졌음을 알 수 있습니다.

2일차 **중국 당나라 문화** 　40～43쪽

글 　**당나라에는 왜 국제적인 문화가 발전했을까요?**

문단	중심 낱말	중심 내용
1문단	당나라	당나라에서는 귀족을 중심으로 한 문화가 발전했어요.
2문단	당나라	당나라는 주변 나라들과 활발히 교류하며 국제적인 문화를 발전시켰어요.

정답

1　②　　　　　　　2　①
3　③　　　　　　　4　❶ 귀족 ❷ 국제적

한 문장 정리　당나라

1　당나라는 비단길뿐만 아니라 바닷길을 통해서도 주변 나라와 활발하게 교류했습니다.
2　이슬람교는 종교의 한 종류입니다. 따라서 ㉠과 ㉡의 어휘 관계와 비슷한 것은 '시인-직업'입니다.
3　당삼채는 주로 3가지 색을 사용해 화려하게 만든 당나라의 대표적인 도자기입니다.
4　당나라의 문화는 '귀족'을 중심으로 발전했습니다. 한편, 주변 나라들과 활발히 교류하며 '국제적'인 문화를 발전시켰습니다.

온라인전시회　**세계 문화와 어우러진 당나라 문화**

정답

1　장안　　　　　　2　①
3　②　　　　　　　4　(1) ✕ (2) ○ (3) ○

1　당나라의 수도는 '장안'입니다.
2　당나라의 수도 장안에 세계 여러 나라의 사람들이 모여들면서 당나라는 국제적인 문화가 발달했습니다.
3　병마용은 진나라 시황제가 자신의 무덤을 지키게 하기 위해 만든 병사 모형입니다.
4　(1) 발해, 일본 등이 당나라의 장안을 본떠 도시를 만들었습니다.

글　**동아시아 나라들은 왜 비슷한 문화를 가지고 있을까요?**

문단	중심 낱말	중심 내용
1문단	동아시아 문화권	당나라 문화가 주변 나라에 전파되는 과정에서 동아시아 문화권이 형성되었어요.
2문단	한자, 율령, 유교, 불교	동아시아 여러 나라에서 한자, 율령, 유교, 불교를 받아들였어요.
3문단	동아시아 문화권	동아시아 문화권에 속한 나라들은 각 나라의 상황에 맞게 독자적인 문화를 발전시켰어요.

정답

1　동아시아 문화권　　　　2　④
3　④　　　　　　　　　　4　③

한 문장 정리　동아시아

1　한반도, 중국, 일본 등 동아시아의 여러 나라들은 같은 문화 요소를 공유하는 '동아시아 문화권'을 형성했습니다.
2　동아시아 문화권에 속한 나라들은 한자, 율령, 유교, 불교를 공유합니다.
3　한자는 동아시아 사람들이 문화를 교류하는 데 중요한 역할을 했습니다.
4　동아시아의 나라들은 문화 요소를 공유하면서 각 나라의 상황에 맞게 발전시켰습니다. 우리나라, 중국, 일본에서 다른 형태의 한자를 사용하는 것도 같은 이유입니다.

백과사전　**문화 울타리를 이룬 동아시아**

정답

1　한글　　　　　　　　　2　(1) ○ (2) ○ (3) ×
3　①　　　　　　　　　　4　당나라

1　동아시아 문화권의 요소는 한자, 유교, 불교, 율령입니다.
2　⑶ 문묘는 유교를 대표하는 인물인 공자에게 제사를 지내는 사당입니다.
3　동아시아의 여러 나라는 인도에서 발생한 불교를 받아들여 다양한 모습을 띤 불상을 만들었습니다.
4　발해와 일본은 중국 '당나라'의 제도를 바탕으로 나라의 조직을 정비했습니다.

글　**나침반은 언제부터 항해에 이용되었나요?**

문단	중심 낱말	중심 내용
1문단	화약 무기	송나라의 화약 무기가 유럽에 전해져 유럽 사회의 변화를 가져왔어요.
2문단	나침반	송나라 때부터 나침반을 항해에 이용하기 시작했어요.
3문단	활판 인쇄술	송나라의 활판 인쇄술은 지식이 널리 퍼지는 데 기여했어요.

정답

1　발명품　　　　　　　　2　④
3　②　　　　　　　　　　4　(나) ➡ (가) ➡ (다)

한 문장 정리　나침반

1　화약, 나침반, 활판 인쇄술은 중국의 3대 '발명품'입니다.
2　이 글은 송나라에서 학문을 중요하게 생각했던 까닭에 대해서는 다루지 않습니다.
3　화약과 나침반, 활판 인쇄술은 송나라 때 크게 발전했고, 세계의 문화 발전에 큰 영향을 미쳤습니다.
4　화약 무기가 유럽에 전해져 중세 유럽의 봉건 사회가 무너지는 데 영향을 주었다는 내용은 1문단, 송나라 때부터 나침반을 항해에 이용하기 시작했다는 내용은 2문단, 활판 인쇄술의 발명으로 많은 양의 책이 빠르게 만들어질 수 있게 되었다는 내용은 3문단에 나와 있습니다.

방송토론　**유럽을 바꾼 송나라의 과학 기술**

정답

1　③　　　　　　　　　　2　①
3　(1) ○ (2) × (3) ○　　　4　인쇄술

1　송나라의 화약 무기는 유럽에 전해져 중세 유럽 기사의 몰락과 봉건 사회의 해체에 영향을 주었습니다.
2　나침반은 항해에 이용되어 에스파냐, 포르투갈이 아시아로 가는 새로운 바닷길을 찾는 데 큰 도움을 주었습니다.
3　⑵ 송나라의 과학 기술이 녹아든 화약 무기, 나침반, 활판 인쇄술은 유럽에 전해져 유럽 사회의 변화와 세계 문화 발전에 큰 영향을 주었습니다.
4　송나라의 활판 '인쇄술'은 유럽에 전해져 종교 개혁이 널리 퍼지는 데 큰 영향을 미쳤습니다.

글 **몽골 제국은 왜 길 중간중간에 먹고 자는 곳을 마련했을까요?**

문단	중심 낱말	중심 내용
1문단	몽골 제국, 역참	몽골 제국이 정비한 도로와 역참 덕분에 동서 교류가 활기를 띠었어요.
2문단	몽골 제국, 이슬람 세계	몽골 제국과 이슬람 세계는 다양한 상품과 기술, 학문을 주고받았어요.
3문단	쿠빌라이 칸	쿠빌라이 칸은 정복한 지역의 주민들에게 잘 대해 주었어요.

정답

1   역참   2   ③

3   ②   4   ①

한 문장 정리   몽골 제국

1   몽골 제국은 도로 중간중간에 '역참'을 설치했습니다.

2   몽골 제국의 황제와 관리들은 넓은 땅을 잘 다스리기 위해 의견을 모았습니다. 이에 따라 수도를 중심으로 전국을 연결하는 도로망이 건설되었고, 역참이 설치되었습니다. 따라서 ㉠에는 앞의 내용에서 발전한 내용이 뒤에 올 때 쓰는 말인 '그리하여'가 들어가는 것이 알맞습니다.

3   쿠빌라이 칸은 정복한 지역의 주민들을 무조건 탄압하지 않고 잘 대해 주어 활용하려고 했습니다.

4   역참은 사람들이 쉬어 가거나 잠을 잘 수 있고, 말을 제공받을 수 있는 시설이었습니다.

카드뉴스   **한눈에 보는 몽골 제국의 문화**

정답

1   ②   2   ④

3   ③   4   (1) ✕ (2) ○ (3) ○

1   몽골 사람들은 비단에 금실과 은실로 새나 꽃을 수놓는 서역의 기술을 받아들였습니다.

2   몽골 사람들은 이슬람에서 들여온 푸른색 안료를 사용하여 청화 백자를 만들었습니다.

3   몽골 사람들은 하늘의 별과 달, 해의 움직임을 살펴보려고 이슬람 과학을 참고하여 천문대를 만들었습니다.

4   (1) 몽골 제국은 크리스트교 등 다양한 종교를 허용했습니다.

정답

1

2   (1) 성립하다 (2) 결합하다 (3) 이름을 떨치다

    (4) 독특하다 (5) 타락하다

3   (1) 수놓았어요 (2) 해체되었어요 (3) 활기

    (4) 뻗어 (5) 다채로운

2   (1) '성립하다'는 일이나 관계 등이 제대로 이루어지는 것을 말합니다.

    (2) '결합하다'는 둘 이상의 사물이나 사람이 서로 관계를 맺어서 하나로 합쳐지는 것을 말합니다.

    (3) '이름을 떨치다'는 힘이나 지위 등이 널리 알려지는 것을 말합니다.

    (4) '독특하다'는 다른 것과 비교하여 특별하게 다른 것을 말합니다.

    (5) '타락하다'는 올바른 길에서 벗어나 나쁜 길로 빠지는 것을 말합니다.

정답

1일차 고대 그리스 문화 62~65쪽

글 고대 그리스 사람들은 어떤 문화를 즐겼을까요?

문단	중심 낱말	중심 내용
1문단	그리스 문화	그리스 문화는 인간 중심적이었으며, 조화와 균형의 아름다움을 추구했어요.
2문단	철학	그리스에서는 소크라테스 등이 철학을 발전시켰어요.
3문단	《역사》	헤로도토스는 그리스·페르시아 전쟁을 다룬 《역사》를 썼어요.

정답

1 ③　　　　2 ③
3 ②　　　　4 (나) ➡ (가) ➡ (다)

한 문장 정리 인간

1 그리스 사람들은 파르테논 신전의 기둥 가운데를 일부러 볼록하게 만들었습니다.
2 소크라테스는 인간의 삶에 객관적이고 절대적인 진리가 있다고 주장했습니다.
3 헤로도토스는 그리스 사람들과 다른 민족들의 위대한 업적을 기억하기 위해 《역사》를 썼다고 했습니다.
4 (나) 그리스 사람들이 조화와 균형의 아름다움을 추구했다는 내용은 1문단, (가) 그리스 철학이 서양 철학의 바탕이 되었다는 내용은 2문단, (다) 헤로도토스가 그리스와 페르시아 사이의 전쟁을 《역사》에 기록했다는 내용은 3문단에 나와 있습니다.

카드뉴스 신과 인간을 담은 문화

정답

1 ④　　　　2 그리스·페르시아 전쟁
3 올림피아　　4 (1) ○ (2) × (3) ○

1 아테네 여신을 모셔 놓은 곳은 파르테논 신전입니다.
2 헤로도토스가 《역사》에서 다룬 전쟁은 그리스와 페르시아 사이에 벌어진 전쟁입니다.
3 그리스의 폴리스들은 '올림피아' 제전을 열었습니다.
4 (2) 디오니소스 극장은 관람석에서 무대로 갈수록 낮아지게 만들어졌습니다.

2일차 알렉산드로스와 헬레니즘 문화 66~69쪽

글 알렉산드로스가 거대한 제국을 만들고 나서 어떤 변화가 생겼나요?

문단	중심 낱말	중심 내용
1문단	헬레니즘 문화	알렉산드로스의 정복 전쟁으로 헬레니즘 문화가 탄생했어요.
2문단	헬레니즘 문화	헬레니즘 문화에서는 인간에게 집중했어요.
3문단	헬레니즘 시대, 아르키메데스	아르키메데스가 부력의 원리를 발견한 것처럼 헬레니즘 시대에는 수학과 과학이 발전했어요.

정답

1 그리스, 동방　　2 ③
3 ②　　　　4 (다) ➡ (나) ➡ (가)

한 문장 정리 헬레니즘

1 알렉산드로스의 정복 전쟁을 계기로 '그리스' 문화와 '동방' 문화가 섞인 헬레니즘 문화가 탄생했습니다.
2 헬레니즘 시대의 사람들은 개인의 행복과 자유를 가장 중요하게 생각했습니다.
3 '발달하다'와 뜻이 비슷한 말은 '빛을 발하다'입니다.
4 (다) 알렉산드로스가 자신이 정복한 지역에 그리스 사람들을 옮겨 와 살게 했다는 내용은 1문단, (나) 헬레니즘 시대에 밀로의 비너스상 등이 만들어졌다는 내용은 2문단, (가) 헬레니즘 시대에 아르키메데스가 부력의 원리를 발견했다는 내용은 3문단에 나와 있습니다.

신문기사 동양과 서양의 만남, 헬레니즘 문화

정답

1 알렉산드리아　　2 ①
3 ①　　　　4 (1) ○ (2) ○ (3) ○

1 알렉산드로스는 정복한 지역 곳곳에 자신의 이름을 딴 '알렉산드리아'라는 도시를 세웠습니다.
2 알렉산드로스의 정복 전쟁 이후 개인의 행복을 소중하게 여기고 거대한 나라 아래 모두 같은 시민이라는 생각이 발달했습니다.
3 당삼채는 당나라의 도자기입니다. 헬레니즘 시대에는 밀로의 비너스상, 라오콘 군상과 같은 인체의 아름다움을 생동감 있게 표현한 조각상이 많이 만들어졌습니다.

글　**불교가 인도 문화에 미친 영향은 무엇일까요?**

문단	중심 낱말	중심 내용
1문단	석가모니, 불교	인도에서 석가모니가 불교를 창시했어요.
2문단	간다라 양식	인도 불교문화와 헬레니즘 문화가 합쳐진 간다라 양식이 발달했어요.

정답

1　① 　　　　　2　브라만교
3　② 　　　　　4　간다라

한 문장 정리　헬레니즘

1　석가모니가 불리게 된 이름인 '붓다'는 '깨달은 사람'이라는 뜻입니다.
2　불교는 당시 인도의 종교였던 브라만교와 달리 계급에 따라 사람들을 차별하지 않았습니다.
3　인도 사람들은 그리스 조각상의 영향을 받아 오뚝한 코 등이 도드라진 불상을 만들기 시작했습니다. 따라서 간다라 양식은 인도 문화와 헬레니즘 문화가 합쳐진 것이므로, '사라진'은 ㉠에 들어가기에 알맞지 않습니다.
4　알렉산드로스의 침입 이후 인도 간다라 지방에 '간다라' 양식이 발달했습니다.

온라인박물관　부처의 눈, 코, 입을 조각하다

정답

1　간다라 　　　　2　헬레니즘
3　① 　　　　　　4　(1) ○ (2) ○ (3) ×

1　'간다라' 양식은 인도의 불교문화와 헬레니즘 문화가 합쳐져 나타났습니다.
2　알렉산드로스의 정복 전쟁 이후 그리스 문화가 다른 지역으로 퍼지면서 '헬레니즘' 문화가 나타났습니다.
3　간다라 양식으로 만들어진 불상은 곱슬머리, 오뚝한 코, 움푹 들어간 눈, 자연스러운 옷의 주름이 그 특징입니다.
4　(3) 인도 간다라 지방 사람들은 그리스 조각상을 본떠 불상을 만들었습니다.

글　**오늘날 인도를 대표하는 종교는 무엇일까요?**

문단	중심 낱말	중심 내용
1문단	굽타 왕조, 힌두교	굽타 왕조 때부터 힌두교가 인도의 대표 종교로 발전했어요.
2문단	굽타 왕조, 굽타 양식	굽타 왕조 때 산스크리트 문학과 굽타 양식이 발달했고, 수학과 과학이 발전했어요.

정답

1　② 　　　　　2　굽타
3　0 　　　　　4　①

한 문장 정리　힌두교

1　힌두교의 비슈누라는 신은 다양한 모습으로 자신을 드러낸다고 하여 왕을 신처럼 여기게 할 좋은 수단이었습니다.
2　아잔타 석굴의 벽화는 간다라 양식에 인도 고유의 양식이 더해진 '굽타' 양식의 대표적인 문화유산입니다.
3　굽타 왕조 때 인도 사람들은 처음으로 숫자 '0'의 개념을 발견했습니다.
4　'풍족하다'는 매우 넉넉해서 부족함이 없는 상태를 말합니다. 따라서 ㉠과 바꿔 쓸 수 있는 말은 '넉넉해지자'입니다.

백과사전　힌두교가 바탕이 된 인도 문화

정답

1　② 　　　　　2　바라나시
3　(1) ○ (2) ○ (3) × 　　4　3

1　브라흐마, 비슈누, 시바는 힌두교의 대표적인 신이지만 예수는 힌두교의 신이 아닙니다.
2　인도 사람들은 강물이 죄를 씻어 준다고 믿습니다. 그래서 갠지스강 근처의 도시 '바라나시'에서는 강물에 몸을 씻거나 시체를 띄워 보내는 모습을 자주 볼 수 있습니다.
3　(3) 힌두교에서는 신이 인간, 동물 등 다양한 모습으로 나타난다고 보았습니다.
4　문제에 제시된 굽타 왕조 시기의 인도 숫자는 오늘날 사용하는 아라비아 숫자의 '3'을 나타냅니다.

글 이슬람교를 믿는 사람들은 왜 돼지고기를 먹지 않을까요?

문단	중심 낱말	중심 내용
1문단	이슬람 문화	이슬람 문화는 《쿠란》을 중심으로 해요.
2문단	모스크, 아라베스크 무늬	이슬람 문화에서는 돔과 뾰족한 탑, 아라베스크 무늬로 장식한 모스크를 만들었어요.
3문단	이슬람 과학	이슬람 세계는 주변 지역의 학문을 받아들여 과학을 발전시켰어요.

정답

1 쿠란   2 ④
3 ②   4 ①

한 문장 정리 알라

1 이슬람 문화에서는 이슬람교의 경전인 '쿠란'을 일상생활의 기준으로 삼습니다.
2 이슬람교에서는 돼지를 부정적인 동물로 여겨 먹지 않기 때문에, 돼지고기 얹은 요리를 먹었다는 부분은 이슬람교의 가르침을 따르지 않은 부분입니다.
3 이슬람교에서는 알라에 대한 묘사를 금지했기 때문에 사람의 모습을 직접 그리는 대신 선 등을 활용한 아라베스크 무늬가 발달했습니다.
4 이슬람의 과학은 유럽에 전해져 훗날 유럽의 과학 발전에 도움을 주었습니다. 따라서 ⊙에 들어갈 말로는 '도움이 되다'를 뜻하는 '기여'가 알맞습니다.

온라인전시회 사진으로 보는 이슬람 문화

정답

1 ③   2 아라베스크
3 아스트롤라베   4 (1) ○ (2) × (3) ○

1 모스크는 이슬람교를 믿는 사람들이 모여 기도하는 장소입니다.
2 모스크 내부는 '아라베스크' 무늬로 장식되었습니다.
3 이슬람의 천문학자들은 천체 기구인 '아스트롤라베'를 이용해 별과 달의 위치를 살펴봤습니다.
4 (2) 모스크는 돔과 뾰족한 탑이 특징입니다.

정답

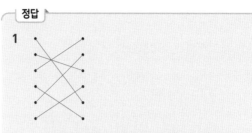

1

2 (1) 묘사 (2) 지속 (3) 좇다 (4) 고유 (5) 활기
3 (1) 번뜩였어요 (2) 천체 (3) 윤곽
    (4) 없애려면 (5) 부르기도

2 (1) '묘사'는 어떤 것을 있는 그대로 자세하기 그리는 것을 말합니다.
    (2) '지속'은 어떤 일이나 상태가 오래 계속되게 하는 것을 말합니다.
    (3) '좇다'는 목표, 꿈, 행복 등을 추구하는 것을 말합니다.
    (4) '고유'는 어떤 사물이나 집단, 문화에서 본래 가지고 있던 특별한 것을 말합니다.
    (5) '활기'는 활발한 기운을 말합니다.

글 **세계의 3대 종교는 무엇일까요?**

문단	중심 낱말	중심 내용
1문단	불교	불교는 석가모니가 깨달음을 얻어 창시했어요.
2문단	크리스트교	예수가 창시한 크리스트교는 오늘날 세계에서 가장 많은 사람들이 믿어요.
3문단	이슬람교	이슬람교는 무함마드가 메카에서 창시했어요.

정답

1 조로아스터교　　　2 욕심, 행복
3 ②　　　　　　　　4 ③

한 문장 정리 이슬람교

1 전 세계 사람들이 가장 많이 믿는 크리스트교, 불교, 이슬람교를 세계 3대 종교라고 합니다.
2 석가모니는 인간이 '욕심'을 버리고 깨달음을 얻으면 누구나 완전한 '행복'을 얻을 수 있다고 가르쳤습니다.
3 크리스마스는 크리스트교를 창시한 예수의 탄생을 축하하는 날입니다.
4 '평등하다'는 '권리, 의무, 자격 등이 차별 없이 고르고 똑같다.'는 것을 말합니다. 따라서 ㉠과 뜻이 비슷하지 않은 말은 '차별하다'입니다.

백과사전 **개성 넘치는 세계 3대 종교의 문화유산**

정답

1 ③　　　　　　　　2 ②
3 불교　　　　　　　4 (1) × (2) ○ (3) ○

1 스테인드글라스는 크리스트교 성당에서 볼 수 있습니다.
2 성 소피아 대성당은 크리스트교와 관련 있는 건축물이 아닙니다. 이 성당은 그리스 정교를 믿는 비잔티움 제국에서 만든 것입니다.
3 중국의 룽먼 석굴, 인도네시아의 보로부두르 사원은 '불교' 건축물입니다.
4 이슬람교 건축물은 모스크 양식으로 만들어졌습니다.

글 **로마 사람들도 목욕을 했을까요?**

문단	중심 낱말	중심 내용
1문단	로마	로마에서는 실용적인 문화가 발달했어요.
2문단	로마의 법	로마는 훗날 유럽 여러 나라 법의 바탕이 되는 법을 만들었어요.

정답

1 실용적　　　　　　2 석굴
3 ②　　　　　　　　4 ③

한 문장 정리 법

1 로마 사람들은 넓은 제국을 다스리는 데 도움이 되는 '실용적'인 문화를 발달시켰습니다.
2 '석굴'은 로마의 문화유산이 아닙니다.
3 로마에는 원래 하나로 정해진 법이 없었는데, 나라가 넓어지면서 하나의 법이 필요하게 되었습니다. 따라서 ㉠에는 앞의 내용과 관련시키면서 이야기를 다른 방향으로 바꿀 때 쓰는 말인 '그런데'가 들어가는 것이 알맞습니다.
4 12표법이 만들어지자 귀족들이 자신들의 입맛대로 법을 해석해서 적용하는 일이 사라졌고, 평민들은 법을 직접 보고 익혀서 이전보다 더 확실하게 법의 보호를 받게 되었습니다.

블로그 **로마 시민의 하루**

정답

1 ②　　　　　　　　2 ③
3 카라칼라 목욕장　　4 (1) × (2) ○ (3) ○

1 티투스는 오후 3시에 포로 로마노를 둘러봤다고 했습니다.
2 로마 사람들은 원형 경기장이자 극장인 콜로세움에서 검투 경기와 다양한 공연을 관람했습니다.
3 티투스는 '카라칼라 목욕장'에서 목욕을 했다고 했습니다.
4 (1) 티투스가 판테온 신전에서 기도한 시각은 오전 10시입니다. 오후 5시에는 카라칼라 목욕장에서 목욕을 했습니다.

글　서유럽과 동유럽은 왜 서로 다른 문화를 가지게 되었을까요?

문단	중심 낱말	중심 내용
1문단	비잔티움 제국	비잔티움 제국은 서유럽과는 다른 독자적인 문화를 발전시켰어요.
2문단	성 소피아 대성당	성 소피아 대성당은 비잔티움 양식의 대표적인 건축물이에요.
3문단	비잔티움 문화	비잔티움 문화는 동유럽과 러시아 문화의 토대가 되었어요.

정답

1　②　　　　　　　2　③

3　②

4　❶ 그리스 정교 ❷ 성 소피아 대성당

한 문장 정리　슬라브족

1　비잔티움 제국은 그리스어를 공용어로 사용했습니다.
2　비잔티움 제국은 유스티니아누스 황제 때 로마의 법을 참고한 《유스티니아누스 법전》을 완성했습니다.
3　슬라브족은 비잔티움 문화를 적극적으로 받아들였습니다. 따라서 ㉠에는 '수용'이 들어가는 것이 알맞습니다.
4　비잔티움 제국은 서유럽과 달리 '그리스 정교'를 믿었습니다. 유스티니아누스 황제는 수도 콘스탄티노폴리스에 '성 소피아 대성당'을 만들었습니다.

온라인전시회　천 년의 문화를 간직한 비잔티움 제국

정답

1　동유럽　　　　　　2　②

3　②　　　　　　　　4　(1) ○ (2) × (3) ○

1　비잔티움 제국의 문화는 '동유럽' 지역에 많은 영향을 주었습니다.
2　튀르키예 이스탄불에 있는 성 소피아 대성당은 ②입니다.
3　성 소피아 대성당은 거대한 돔으로 덮여 있고, 내부는 화려한 모자이크 벽화로 장식되었습니다.
4　(2) 튀르키예 이스탄불의 성 소피아 대성당은 오스만 제국 때 이슬람 사원으로 이용되기도 했습니다.

글　성당의 뾰족한 탑에 담긴 중세 서유럽 사람들의 생각은 무엇일까요?

문단	중심 낱말	중심 내용
1문단	교회	중세 서유럽에서는 교회의 영향력이 매우 컸어요.
2문단	로마네스크 양식, 고딕 양식	중세 서유럽에서는 로마네스크 양식과 고딕 양식에 따라 교회를 지었어요.

정답

1　크리스트교　　　　2　②

3　고딕　　　　　　　4　(가) ➡ (나)

한 문장 정리　서유럽

1　중세 서유럽에서는 '크리스트교'가 사람들의 일상생활을 지배했습니다.
2　중세 서유럽 사람들은 사람보다 신이 우월하다고 생각했습니다.
3　중세 서유럽의 건축 양식 중에서 뾰족한 탑과 스테인드글라스를 특징으로 하는 양식은 '고딕' 양식입니다.
4　(가) 중세 서유럽의 교회와 수도원에서 학문을 연구하고 가르쳤다는 내용은 1문단, (나) 돔과 반원 모양의 아치를 특징으로 하는 로마네스크 양식이 유행했다는 내용은 2문단에 나와 있습니다.

온라인박물관　우리는 신과 가까워지고 싶어요

정답

1　②　　　　　　　　2　①

3　탑　　　　　　　　4　②

1　고딕 양식의 교회는 신과 가까워지고자 하는 소망을 담아 하늘을 향해 높이 솟아오른 구조로 지어졌습니다.
2　이탈리아의 피사 대성당은 로마네스크 양식의 대표적인 건축물입니다.
3　뾰족한 '탑'은 고딕 양식 교회의 상징입니다.
4　샤르트르 대성당에는 거대한 돔이 없습니다.

글 중세 유럽을 변화시킨 병은 무엇일까요?

문단	중심 낱말	중심 내용
1문단	흑사병	중세 유럽에 흑사병이 퍼져 수많은 사람이 목숨을 잃었어요.
2문단	흑사병	흑사병의 유행으로 중세 봉건 사회가 점점 무너져 갔어요.

정답

1   흑사병   2   ③

3   ④   4   ④

한 문장 정리   흑사병

1   중세 유럽에 '흑사병'이 퍼져 하루에도 수많은 사람이 목숨을 잃었습니다.

2   도로에 넘쳐흐르는 똥과 오줌으로 도시가 오염되었고, 그 오염된 도시를 떠도는 쥐 떼를 통해 페스트균이 옮아 흑사병이 퍼졌습니다.

3   흑사병으로 인구가 크게 줄어들자 영주들은 남은 농노들에게 많은 일을 시켰습니다. 그러자 농노들이 영주에게 저항했고, 그로 인해 영주의 힘은 점점 약해졌습니다.

4   흑사병은 쥐 떼를 통해 '페스트균'이 옮아 퍼진 병이었습니다. 그런데 중세 유럽 사람들은 이를 '신이 내린 벌'로 생각했습니다.

카드뉴스   중세 유럽이 무너지다

정답

1   ①   2   시민

3   (1) ○ (2) ○ (3) ×   4   (나) ➡ (가) ➡ (다) ➡ (라)

1   유럽에 흑사병이 유행하면서 유럽의 인구가 크게 줄어 노동력이 부족해졌고, 이는 장원의 해체로 이어졌습니다.

2   유럽 여러 나라의 왕들은 '시민'들의 경제적인 도움과 군대를 기반으로 힘을 강화했습니다.

3   (3) 십자군 전쟁은 크리스트교를 믿는 나라들과 이슬람교를 믿는 나라들 사이에 벌어진 전쟁입니다.

4   (나) 유럽에 흑사병이 유행하였고, (가) 장원이 해체되었습니다. (다) 그러면서 왕이 힘이 강화된 중앙 집권 국가가 등장했고, (라) 루터와 칼뱅이 종교 개혁을 일으켰습니다.

정답

1

2   (1) 발전하다 (2) 무너지다 (3) 공부

    (4) 퍼지다 (5) 낫다

3   (1) 해방시켜 (2) 토대 (3) 베풀었어요

    (4) 한꺼번에 (5) 솟아오른

2   (1) '발전하다'는 더 좋은 상태가 되거나 더 높은 단계로 나아가는 것을 말합니다.

    (2) '무너지다'는 질서, 제도, 체계 등이 파괴되는 것을 말합니다.

    (3) '공부'는 학문이나 기술을 배워서 지식을 얻는 것을 말합니다.

    (4) '퍼지다'는 어떤 물질이나 현상이 넓은 범위에 미치는 것을 말합니다.

    (5) '낫다'는 어떤 것이 다른 것보다 더 좋은 것을 말합니다.

정답

찾아보기

바른답과 도움말

고객의 꿈, 직원의 꿈, 지역사회의 꿈을 실현한다

에듀윌 도서몰 book.eduwill.net
교재내용 문의 에듀윌 도서몰 → 문의하기 → 교재(내용, 출간) → 초등 문해력

교재의 오류는 에듀윌 도서몰 내 정오표에서 확인할 수 있으며, 잘못 만들어진
책은 구입처에서 교환해 드립니다.